JN197756

［1日10分 月15万円］

インスタグラム
Instagram
起業

ぱる出版

「好感度が上がる！」誰しも好感度が上がったら、嬉しいですよね。実は Instagram（以下インスタグラム）をすると、好感度が自然と上がることを知っていましたか？　好感度が上がれば…〇〇になりますよね。

これは全ての個人・もちろん企業もあてはまるので、この本を片手にした瞬間に劇的な変化があなたに訪れます。その〇〇とは？　それは本書をじっくりと読んで学んでみてください。

今回、Amazon・ヤフー・楽天・他のネットショップをインスタグラムで集客できるノウハウも紹介しています。

ネットショップを行っている人はインスタグラムでの集客で、売上 2 倍〜 3 倍と上がります。そのノウハウも本書で学んでみてください。現状に満足をされていない方には目からうろこの内容になっています。

そもそもインスタグラムという言葉を聞いて、どのような事を思い出しますか？　テレビ、雑誌、ラジオではインスタグラムという言葉は聞かない日々はないと思います。

youtuber という言葉は聞いたことがある方は多いと思います。インスタグラムでも同じように、月収 50 万円、100 万円を稼ぐ人たちはいます。その人たちはインスタグラマーと呼ばれています。

SNS がお金になる時代なのです。そして、SNS は基本無料で利用できる最高のツールです。この無料サービスの中で、お金を生み出せることというのは、素晴らしいことです。

　この本ではインスタグラムを作ったけど、なかなかフォロワーが増えない。また、どうにかして1万フォロワーを目指したいという方のために、オーガニック（※ツールなど使わない手法）で、1日10分の作業をすることでフォロワーを1万人にする手法も公開しています。ビジネスはともかく、自分のブランド力を強めたいとか、純粋にフォロワーを増やしたいという人にも役立つ内容となっています。

　1万フォロワーを目指しつつ、それをお小遣い稼ぎにしていくノウハウなどあますことなくお見せします。

　本書はシンプルに言ってしまえば、1万フォロワーに届いていない人向けなのかもしれません。

　現在、1万フォロワーを超えている人は、なにかしらのインフルエンサー、芸能人、可愛い女の子などです。中にはツールでフォロワーを増やした人もいるかもしれません。ツールの良し悪しは、ご自身の判断にお任せしますが、本書では繰り返しになりますが、オーガニックな作業で着実に質の高いフォロワーを増やしていく手法になります。

　少なからずお金を増やしたい人で1万フォロワー超えているのに、なかなか現金化、キャッシュに出来ていない人はこの本を熟読してみてください。きっと良いヒントになる本だと思います。

　　　　　　　　　　　　　　　　　　　　生天目　佳高

第2章
1日10分で
1万フォロワーを目指す

第3章
まずは月数千円稼ぐ方法から
お教えします！

第4章
月5万円稼ぐ方法を知りたいですか？

nabatameyoshitaka ∨ ≡

2,252	1.3万	5,311
投稿	フォロワー	フォロー中

生天目 佳高
起業家
理系大学卒業後、大手住宅メーカー勤務、26歳で独立。創業7年 FEC株式会社代表取締役社長 。ECショップ8店舗の輸入事業代表オーナー& NTPコンサルティング最高責任者。インスタグラム起業」ぱる出版と2冊のベストセラー作家著者、2...続きを読む
amzn.to/2I0bL5N

プロフィールを編集	広告	メール

＋　　　　　

新規　Youtube■　エステ・美容…　本の御紹介■　講演会情報■

第5章
月15万円稼ぐのは難しくない

第6章
インスタグラム
裏技集

第7章 インスタグラムで いま以上に成功する方法

第 1 章

Instagram で稼ぐ集客法はこれだ

📷 第１章　チェックシート

＜この章で紹介される内容＞

□インスタグラムのアカウントを開設している

□フォロワー数 100 未満でも稼げることの理解

□インスタグラムと Facebook のユーザー数の理解

□インスタグラムのハッシュタグの理解

□ハッシュタグで動画はトップに出てくる

□１フォロワーは２円〜３円の価値の理解

□インフルエンサーという言葉の理解

□ライトインフルエンサーとは何？

□LEGO アカウントからのインスタグラムの世界観の理解

□フォロワーを楽しませる重要性の理解

□普段からネタ探しをすることの重要性の理解

□フリーの画像素材サイトをすべて理解できた

□エンゲージメントという言葉の理解

（理解が出来たらチェックしてみよう！）

◆インスタで稼げるのは本当!?

　この本のタイトルの通りインスタグラムを使いお金を稼いでいくのがテーマです。しかし、そんなことができるの!?

　それは色々な方から質問されました。結論から言えば、インスタグラムでお金は稼げます。

　確かに 100 万フォロワーがおり、月に 100 万円以上の広告収入を得ている、俗にいうインスタグラマーという人達がいるのは、周知の事実だと思います。

　稼ぐことができるのは、ひと握りと思っていませんか？　実際に芸能人ほどフォロワー数がいなくても、月に数十万稼ぐインスタグラマーがいるという事は知っておいてください。

【気になる、これまで頂いた質問集】

「どんな投稿をしたら稼げるの!?」

「そんなにフォロワーを集めないと稼げないの!?」

「顔を出さないといけないんじゃないの？」

「わたしは会社員だから名前・顔出しはできない。」

「面倒臭いじゃないの？」

「本当に短い時間で稼げるの？」

「インスタグラムで稼げるなんて信じられない」

　この本を出す前から、たくさんこのような質問を頂きました。この質問の答えは、これからの章立てで、説明していきます。

●簡単な稼ぐ実例

　キーワードは「稼ぐ」だと思います。あなたの知り合いフォロワーが1000人の女性のモデルAさんがいたとします。そこでAさんに自分の○○を宣伝してほしいと依頼しました。Aさんは1投稿3000円で引き受けました。この時、Aさんには3000円の広告収入が入ります。これが一番簡単に稼ぐ方法の一つになります。

　なぜ、ここで3000円を設定したかと言いますと、詳細は後ほど述べますが、現在1フォロワーにつき、2〜3円の価値があると言われているからです。

　もしこれからインスタグラムを始める人でも1000フォロワーなら頑張ってつくれる気がしませんか??

　下記の図はインスタグラムで稼ぐステップのイメージです。

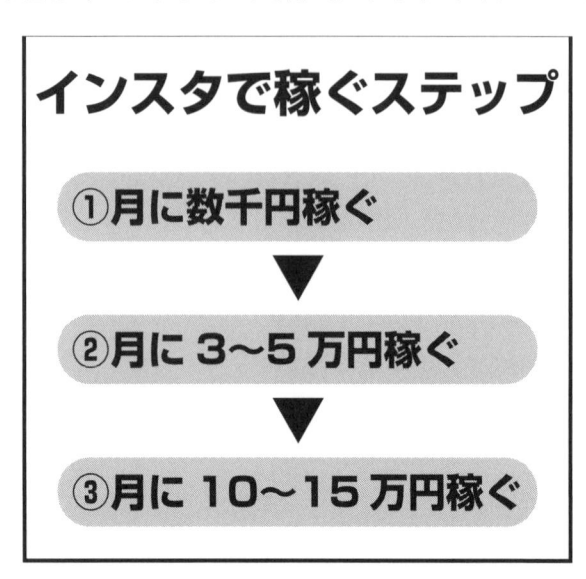

　本書の第3章では月に数千円稼ぐ、第4章が月3万円〜5万円稼ぐ。第5章が月10万円〜15万円を稼ぐことができるようにステップ形式となっております。

　月に数千円から月に3万円、5万円、10万円と稼ぐノウハウ・マインド・マーケティングをあますことなく公開します。

　本書はビジネス書です。インスタグラムの写真の撮り方やインスタグラムの基本的な使い方を紹介している本ではありません。撮影の仕方も紹介は致しますが、あくまでも"稼ぐ"をメインとして本書では、話をしていきます。

◆フォロワー数 100 未満でも稼げる !?

　このタイトルに驚いた人も多いかもしれません。フォロワー数は、100未満でも、10未満でも誰でも稼げるのです。それに関して稼ぐ方法を詳しく説明をしていきます。

●プレゼント企画に応募しよう

　フォロワー数が0〜100でも稼げるというのは、言い過ぎかもしれませんが、例えば、♯プレゼント企画　♯懸賞　♯キャンペーン　など無料でも受け取れる商品がたくさんあります。

> # プレゼントをもらう＝実質現金

　というイメージを持ってください。

実際、わたしも 100 フォロワーの人に「自分の○○サイトを宣伝してほしいです。」と伝え、1000 円ほど払ってお願いしたことがあります。100 フォロワーでも濃い 100 フォロワーの人もいるので、馬鹿にできません。

　フォロワーの数も重要なのですが、同時にフォロワーの質も大切です。ツール等では濃いフォロワーが作りにくいと私は思いますので、コツコツやることが、一番遠そうで、一番早道だと思っています。

　左の写真はあるプレゼント企画です。こういった内容のプレゼントは、特に女性向けの企画が多い印象があります。

　中でも 20 代〜 30 代の女性向けの企画がメインになっているようですね。20 代〜 30 代の女性は、本当に徹底してインスタグラムをやれば、非常に稼げるチャンスが多いので逃す手はないですよ。

　とはいえ、男性向けのプレゼントもありますので、女性しか稼げないということはありません。

●現金プレゼントもあるのは本当 !?

　2019 年 1 月に有名人で 1 億円を 100 人にひとり 100 万円でプレゼント企画をした人がいたのは、話題になりましたので、知っている人も多いと思います。もらえた人は超ラッキーですよね。

　他にもハッシュタグで、♯現金プレゼント　とインスタグラムで検索をすると、数は多くありませんがあります。ですが、どちらかというと、Twitter の方がプレゼント数が多いです。

　Twitter で　♯現金プレゼント　♯プレゼント企画と検索をすると、3 億円プレゼントや 1000 万円プレゼントと、とても多いです。

　Twitter の方が多い理由としては、リツイート機能があるからだと思います。

　ただし、プレゼントをするというものの、本当にプレゼントしてくれるの？　と、疑問に思う部分もありますね。情報を抜くのが目的の悪質なものもありますので、ご注意ください。

◆実は Twitter より
　稼げるインスタグラム

　こちらはわたしの Twitter アカウントです。最近は少しお休みをしています。

　休んでいる理由として、個人的に、Twitter より、インスタ

グラムの方が稼げると思っているからです。また、Twitter は
スパム投稿が多いため、それほど、いいねがされないです。

　Twitter では、やり方次第では利益をとることもできるかと
思います。

　2013 〜 14 年はツイッターアフィリエイトなど流行りま
したが、いまはそれほど稼ぐ人を聞かないです。

　スパムでアカウントを増やしても、Twitter 側からアカウン
ト削除されることもあるようです。

　また、リストマーケティングでも Twitter から集めたリスト
は反応が悪いなど、嫌う企業もいるようで、そういう意味では
Twitter はやりにくいと思います。

●インスタグラムの反応はエンゲージメントが高い

　わたしがインスタグラムが稼ぎやすいという理由はエンゲー
ジメント (反応率) がツイッターよりも高いという点にあると
思います。

　Twitter で 2 万フォロワーあっても、投稿のいいねが 10
未満の人もいます。Twitter は、反応率が悪いと言えると思い
ます。

　また Facebook でも、5000 人の友達がいても、いいねが
20 未満しかないという人もいます。さきほどの Twitter と同
様の現象になってしまっていますね。

　しかしインスタグラムだと、4000 フォロワーで 1 投稿の
いいねが 1000 人以上を貰っている人もゴロゴロいます。こ
れほど反応率が違うので、インスタグラムは無視できません。

●フォロワー数に対して、10% の反応率を意識する

ソーシャルメディアの見極めで大切なことは、10% の反応率が取れたら、良いと言われています。

Facebook で友達 5000 人なら 500 いいね、ツイッターで 1 万フォロワーなら 100 いいねは欲しいですね。

インスタグラムなら 1 万フォロワーで 1000 いいねを取得している人も多いですね。

ですので、インスタグラムは、とても反応率の取りやすいソーシャルメディアと言えます。

◆ mixi、Facebook から インスタグラムへ

一時期、SNS と言えば、mixi、Facebook とまで、言われたものでしょう。今では下火になりつつあり、替わってインスタグラムが時代の先頭に来ています。

● Facebook からインスタグラムに移行してきている

わたしはテレビが大好きなのですが、今やテレビでインスタグラムの話が出ない日はありません。

とくにお昼の番組では、「インスタで紹介された○○のランチ」や、「あのお店はインスタ映え」など、「インスタ映え」という表現を良く耳にします。

街を歩いているだけで、「インスタ映えだね」と言った会話が聞こえてきますよね。一過性のものではなく、日常に溶け込

んでいる言葉だと思います。

　わたしも常にネタを探していますので、インスタ映えスポットがあると、聞かずにはおれません。

　インスタグラムのユーザー数は、毎年右肩あがりに増え続け、2016年1200万人、2017年2000万人、2018年2900万人、2019年度では、3000万人を超えると言われています。全体では男性より女性のユーザー数が多いとされています。

　前述しましたが、男性よりも女性の方が稼ぎやすいというのは明らかで、女性の方には非常にチャンスが多い時代です。それもこれからの章で説明をしていきたいと思います。

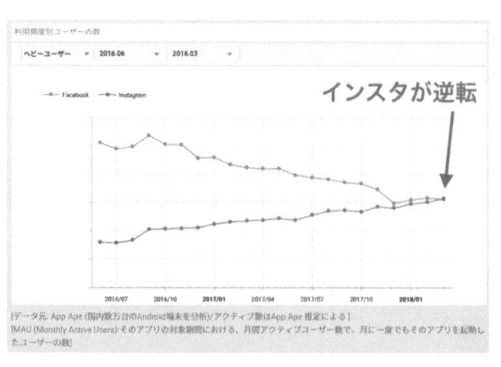

　左記のグラフは App Ape から引用したものですが、2018年の1〜3月でインスタグラムのユーザー数が Facebook のユーザー数を逆転しています。

　Facebook は緩やかな減少傾向の中、インスタグラムは右肩上がりにユーザー数が伸び続けています。

　理由としては流行・流行りは今までテレビ番組で観ていたものが、「youtube から話題の」「インスタグラムで話題の」とトレンドを SNS で感じる時代になったからだと言えます。

●なぜ Facebook は下火になってしまったのか

youtube で成功している若者も 20 代が多いですね。それに憧れる 10、20 代が Facebook よりも youtube やインスタグラムをやる傾向になったからだと思います。

わたしの周りでもインスタグラム、LINE はやっていますが、Facebook はやっていない人が多く、少し意外でした。

特に 10 ～ 20 代前半の若い女性はインスタグラム、時に youtuber かもしれないですね。

理由は簡単で、Facebook よりもインフルエンサーとして稼ぎやすいですから。インフルエンサーというのは影響力者という意味で。フォロワーなどが多い人などのことを言います。

＜ youtube からもリストの質の濃い集客が出来る＞

https://www.youtube.com/

起業家仲間のわたしの周りでも Facebook より、動画の youtube から集客。インスタグラムから LINE@ への集客などと、今後は Facebook 離れも予想されると思います。

Facebook の場合は非公開のグループなど簡単に作成でき

るので、交流の場を作る。というイメージでは、Facebook
が強いと感じます。

● mixi からインスタグラムへ

　2004 年に mixi という SNS サービスもありましたね。
mixi は趣味の交流で使う人が多かったと思います。わたしも
大学時代は周りの友達が mixi をやっていて、毎日投稿をして
いました。

　多い時期では mixi は 2000 万人もユーザー数がいたときも
あります。

mixi コミュニティ

こちらは、現在の mixi の公式サイトよりの引用ですが、今でもコミュニティ数は 270 万を超えています。

　ただ、いろいろなパーティーに参加してみると、いま mixi
をやっていますと答えてくれる人が激減しました。

　わたしの大学時代 2004 年頃、mixi はとても流行っていま
した。わたしは ZARD が好きで、その mixi のコミュニティ
に入り、オフ会も行った事がありました。そういうカラオケオ
フ会、音楽オフ会など、SNS コミュニティが流行ったのも、
mixi のおかげだと思います。

そのようなオフ会にしても、コミュニティにしても、

mixi ➡ Facebook ➡ インスタグラム

と変化をしてきたと思います。

「インスタグラムはやっているけど、Facebook はやってない」最近わたしの周りではこういう発言をする人も増えました。

やはり、実名制の Facebook だと、会社員の方などは気楽に投稿できない感覚はありますよね。

◆実はハッシュタグには
　稼ぐ秘密が盛りたくさん

インスタグラムは、我々の日々の生活の中でなくてはならないものとなりました。

グルメ、観光、旅行など、盛んな地域や、同じ趣味を持つ仲間との交流を持つことも出来ます。

そのカギをにぎるのが、ハッシュタグです。ハッシュタグにより、インスタグラマー同士の仲間の趣味が共有されます。

＜ハッシュタグとはそもそも何？＞

ハッシュタグという言葉を初めて知る人もいるかもしれません。ハッシュタグとは写真や動画につけるラベルのようなイメージのものです。

ハッシュタグを合わせて投稿することにより、より多くのインスタグラムはハッシュタグ検索により、より多くのインスタグラムユーザーへ閲覧されるようになります。

例えば、旅行のハッシュタグでも1365万件もヒットします。はじめは動画の項目がトップに出るようになっています。

旅行でどこ行きたいかと調べたいときも、＃海外旅行　＃旅　＃観光＃温泉　＃ホテル　＃旅館　などと検索をすると、自分でリサーチが出来ます。

どこの旅館がどのような写真なのかが分かります。またその投稿者のアカウントを調べれば、旅行の事しか載せていない人にたどりつくこともあります。

ここでわたしが辿り着いたのが、大人旅厳選宿です。実際の宿の名前も出ていますので、とても参考になります。

わたしもこのインスタグラマーの人の投稿を参考にして、ホテルを選んだりすることも実際にあります。

ふつうはホテル・宿といえば、「じゃらんnet」や「旅サイト」に広告費を数十万払い掲載をしているわけです。

インスタグラムの場合は無料で宣伝をしてくれているわけですよね。

これがインスタグラム、ソーシャルメディア集客のすごいところでもありますね。

●ハッシュタグで動画はトップに出てくる

「ハッシュタグ○○」で検索をした場合、動画がトップに出ることがわかると思います。

これって実はすごいことなのです。動画をうまく組み合わせて投稿をしている人はハッシュタグの検索のトップに表示されるので、フォロワーも増えやすいです。

ですので、なるべく、グルメでも旅行でもお店や旅先に行きましたら、動画も同時に撮影していくことをオススメします。

動画をたまに投稿をしないと、この投稿は本当なのか？　と、フォロワーに疑問を持たれることもあるようです。ですので、定期的な動画の投稿はとてもオススメですね。

その証拠に♯ラーメン　の動画でトップに出てきた、kurashiru【クラシル】さんのアカウントは 164 万フォロワーもりあます。動画の質も高くきれいです。しかも、投稿のほぼ

全てが動画の投稿です。1 投稿の再生数が 30 万回再生とあります。

これぞ、動画とインスタを見事に組み合わせて集客しているマーケティングと言えますね。

フォロワーが増えるというのは、とても重要なことですね。動画はラーメンの動画、旅行の動画、○○の動画 ➡ ハッシュタグでトップに表示されるのを目指してみましょう。

◆実は１フォロワーには ２〜３円の価値がある

　まず、1000 フォロワーを目指しましょう。１日 10 分で良いのです。私自身が**「インスタグラムに費やす時間は１日10 分」**と決めて、そう行動してきました。

　時間の経過とともに、インスタグラムで宣伝したものが売れたり、逆に宣伝を頼まれ広告収入を得る事もありました。

　さらには、本の出版にも繋がり、私自身、驚いている限りです。

　１日 10 分と決めて作業してきた結果が、いまのわたしのこの本の結果です。

　結論を言えば、わたしより、フォロワーが多い人はもちろんいます。しかし、それでも稼げていない人は多くいます。まずはわたしを信じて素直に行動をしてほしいです。

目指すイメージ

1,000フォロワー ▶	3,000フォロワー ▶	5,000フォロワー ▶	10,000フォロワー

　1000 フォロワー➡ 3000 フォロワー➡ 5000 フォロワー➡ １万フォロワーを目指さないといけないです。１万フォロワーを通過点ですが、最低ここは目指したいところです。

　１フォロワーは２〜３円の価値があると言われています。

　第５章でキャスティング会社の登録・インフルエンサーのお仕事に関して触れるのですが、１万フォロワーあれば、１投稿１万円〜２万円の広告収入のお仕事をキャスティング会社からもらうことができます。

　キャスティング会社とは、タレント・モデルの事務所のようなものですね。

　インスタグラム専門のキャスティング会社の場合はフォロワー数で審査に合格したりします。

　審査に合格すれば、そこのキャスティング会社でインフルエンサー活動が出来ます。それに関しては第 5 章で触れていきます。

　ということはシンプルに考えてしまえば、10 万フォロワーあれば、1 投稿 10 万円レベルで広告収入をもらうことも出来ます。それを月 3 回やれば、30 万円も得ることが出来ますね。

　ですので、インスタグラムのフォロワー数を増やすことは、非常に重要な作業となります。

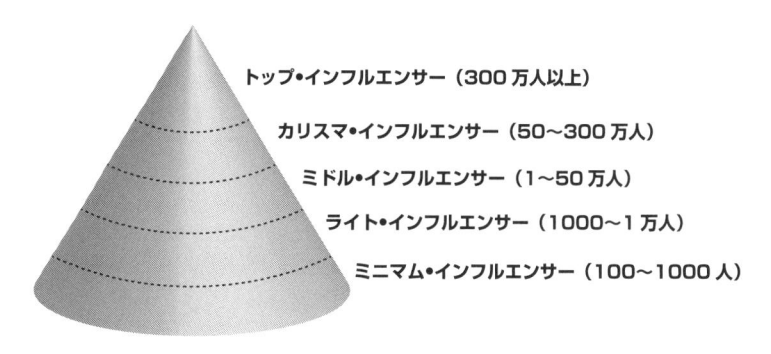

　インフルエンサーと呼ばれている人達の分布図は上記のようになります。当然、上に行く程総数は減ります。トップインフルエンサーと呼ばれている人は、芸能人を始めとする著名人が多いです。本書では、ライトからミドル・インフルエンサーを目指していける方法を記しています。

トップインフルエンサーの例

・渡辺直美 860 万人 (日本のトップインフルエンサー)

・ローラ 530 万人

・水原希子 524 万人

・木下優樹菜 508 万人

　上記が日本のインスタグラマーがトップ 4 です。わたしの中では日本のインスタ四天王と呼んでいます。もちろん、フォローもして、毎日、投稿を観て、勉強しています。

・セレーナゴメス (世界一のインスタグラムフォロワー数)

　世界で観ると、セレーナゴメスが 1 億 4 千万人ものフォロワー数を集めていて、トップのようです。（2019 年 3 月現在）1 投稿でどれだけの広告収入が入るのか、想像もつかないですね。

　実際の投稿ではセレブな写真が多いと思いきや、セレブな写真にプラスアルファで、家庭的な写真、動画も盛り込んでいますね。

　ひ と つ の 投 稿 で 800 万 〜 1000 万いいねがあったり、やはり、トップインフルエンサーの力は違いますね。

　わたしもそこまでとはいいませんが、少しでも近づけるようにコツコツと増やしていきたいと思います。

◆トレンド感を出す
　インスタグラムの投稿

● Google トレンドで流行っている投稿を探す

　世の中は流行に敏感です。トレンドのものを投稿をした方が、フォロワーも増えますし、いいねも増えますね。

　たとえば、シーズンが夏なのに、冬の投稿ばかりしていては、ダメですよね。ファッション専門のアカウントなのに、関係ない旅行の写真が出てきたりなど。

　それでは、インスタグラムの世界観が失われますね。何度も言いますが、このインスタグラムの世界観を残しつつ、トレンドのある投稿をしていきましょう。

　では、トレンド・世界観のある投稿とはどのような投稿なのでしょうか？

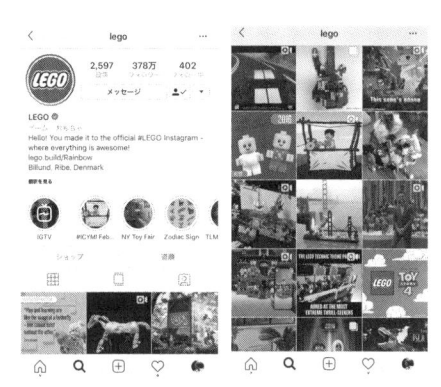

　LEGO は知っていますよね？　企業アカウントの LEGO の投稿を見てみると、その世界観が伝わってくるかと思います。いま、インスタグラムで LEGO を検索してみてください。

　伝えたいのは、「遊び心、楽しい、可愛い、面白い」「LEGO でここまで出来るという芸術性」をわたしは感じます。

世界観を崩してはいけないは、こういう意味合いのことを言いますね。

　インスタグラム専門の企業アカウントも毎年増えているようです。驚くべきデータは企業のインスタグラムアカウントも国内で 1 万件を超えています。

　企業がそれだけ、インスタグラムに参入しているということは、集客ができる、ビジネスチャンスがあるという事ですね。

　わたしはグルメ専門なので、グルメの投稿を毎日したりしています。時に風景の画像なども載せて、フォロワーを楽しませる意識を忘れないようにしています。

　しかし、10 代〜 20 代の女性ならファッションなど、もっとトレンドを意識した方が良いかもしれないですね。

　トレンドでしたら、Google Trends で何が流行しているかいち早く調べていきましょう。

●トレンドキーワードをハッシュタグにする

　実際に投稿をするときに、なかなか画像がないときは、トレンドなキーワードをハッシュタグに入れたりして、投稿に組み込んでいきましょう。トレンドキーワードのハッシュタグは検索をする人も多いので、より自分のアカウントへのアクセスを呼び込めますね。

●どのような投稿をしたら良いか分からない場合

　実際のインスタグラマーの投稿から学ぶことが第一です。ハッシュタグで検索をして、勉強をする癖をつけるということですね。相手のインスタグラマーがどういう投稿をしているかを学んでいきましょう。

　わたしがよく検索をするハッシュタグでは、♯インスタグラマー、♯インフルエンサー　が多いです。そうすると、実際のインスタグラマーの投稿を観て勉強ができます。

　現役のインスタグラマーの投稿を観ていると、本当に勉強になります。

・カメラの角度

・どんなアイテムを使っているか。

・どのような洋服か。

・投稿の日時、タイミングなど。

・投稿の順番の写真の雰囲気が同じにならないようにする。

　(例えば毎日が女性の可愛いアップの画像ばかりの投稿だと、それでフォロワーはつくとは思います。ただ、本当のトップインフルエンサーはフォロワーを楽しませるために、風景を変えたり、家にスタジオを作ったり、しています。フォロワーを楽しませる意識が重要ですね)

　独りよがりの勝手な投稿ばかりをしていれば、スパム投稿としてみられ、いいねも集まらなくなってしまいますね。

●フォロワーを楽しませる意識を常に忘れない

　わたしもインスタグラムを投稿して意識することは、常に見られていることを忘れてはいけないという事です。そして、フォロワーはファンであります。ファンは大切にしなければ、ならないですよね。

　youtuber に例えてみると、トップ youtuber でわたしが好きなヒカキンさんは、毎日、チャンネル登録者を楽しませるための投稿をしています。ヒカキンさんの投稿を観ていても、小学生を楽しませるための投稿をしています。

　補足で話しますと、今から youtuber を目指す人はあまり、オススメしないです。その理由は上の層が強すぎるということです。

◆普段からネタ探しに勤しむ

●ネタ探しは毎日、アンテナを張る

　1日1回はインスタグラムは投稿しないとフォロワーが減ったりするので、最低、1日1回は投稿をしたいところです。そうすると、普段会社員や、時間がない方はネタ探しに困ると思います。

　わたしの場合はネタを取得するために、あえて高級料理屋で食事をして、その写真をアップしたり、行った事のない国にいき、旅行の写真をアップする事もあります。

　これはお金がかかります。youtuber もそうですが、反応率が高い動画を撮影するためには、やはり、お金をかける必要がありますね。

　ネタに関してはやはり、外に出かけないと、見つけることが出来ません。週に2日休みがあるとしたら、その2日間で、1週間分以上の写真を撮りためておきましょう。

●フリー画像写真でも活用できる

　フリー画像素材サイトでも普段手に入らない写真があるので、活用できます。フリー画像素材のサイトでも、無料で高品質な写真を使うことができます。

　ただ、あまり活用すると、同じ写真が他のインスタグラマーと重なることもあるので、1週間に1回など、ほどほどにしましょう。野球でいえば、変化球みたいなイメージですね。

　無料でもかなり、良い写真が手に入ります。忙しい会社員の

インスタグラマー生活ではなくてはならないツールかもしれないです。わたしの場合は「女性」「美女」と検索することが多いです。なぜかというと、メディアサイトを運営して、それに活用しているからです。

　以下にわたしのおススメするサイトを紹介していきます。

1）Pixabay　https://pixabay.com/ja/

Pixabay は、日本語対応しているので、かなり活用しやすいです。なんと量では 150 万枚を超える、無料写真素材をダウンロードすることができます。こちらの写真は Pixabay で

ビーチと検索した時の写真です。綺麗な写真が出てきますよ！

2) Burst by Shopify　https://burst.shopify.com/

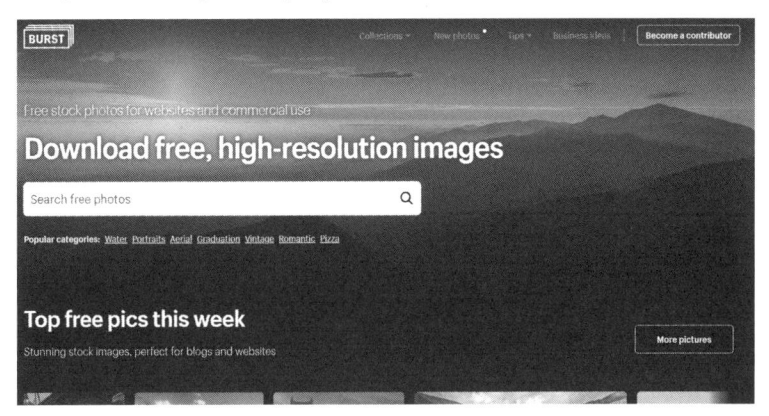

　検索の仕方で悩まれる方も多いと思います。わたしがよく検索するワードだと下記になります。

　「女性」「美女」「美人」「ファッション」「モデル」「海」「ビーチ」「ハワイ」
　どれも魅惑的なワードだと思いませんか？

　こちらは Burst by Shopify で、Fashion　と検索した場合です。Burst by Shopify では英語で検索をしないと写真が出

てこないです。海外の写真ですが、外国人にもうけると思いますので、フォロワー拡大に狙えそうですね。

●オシャレな写真で女性ファンを獲得しよう

　オシャレ・ファッションテイストな写真は日本の女性も好きです。こういうサイトでオシャレな画像が手に入ると、女性ファン獲得にも繋がるので、重宝しています。

3）Unsplash　https://unsplash.com/

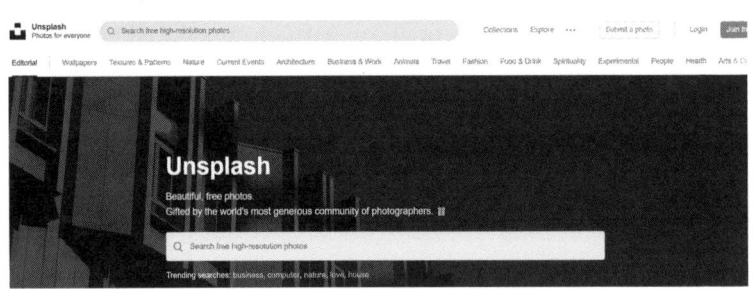

　こちらは海外のサイトなので英語入力です。美容、女性、旅行、など英語で検索をしてみましょう。Unsplash はかなり、クオリティの高いインスタ映えもしてくるかと思います。

　　　　　　左の写真は、Unsplash のサイトで「beauty」と検索をしたときの写真の様子ですね。見ているだけで幸せな気分になりますよね。

　右の写真は、Unsplash で fashion と検索をした時の写真です。これだけのクオリティの高い写真を無料で活用できるので、様々なファン層を獲得できますね。

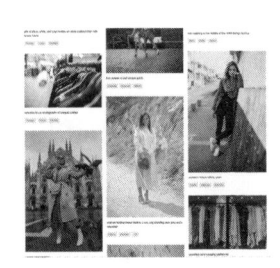

【雑談コーナー】

　第 1 章いかがでしたでしょうか？　まとめると、インスタグラムをやっていない人は、男性もやるべきです。女性が割合的には多いですが。

　mixi の話もしました。mixi があったからこそ、Facebook、インスタグラム Twitter と SNS 戦国時代になったなぁ。と感じています。

　わたしの経営者の周りでも、インスタグラムに力を入れているのは、女性経営者の方が多いですね。

　男性は、ほぼゼロですね。ただ、だからこそ、男性からの視点も含めてという意味でこの本を書いています。

　今までのインスタグラムの本は女性目線の本が多かったと思います。あとはマーケティング視点の本です。もちろん、それは悪いことではないです。わたしもたくさん、インスタグラムの本を持っていますし、勉強しました。

　そして、それに加えて、「稼ぐためにはどうしたら良いの ??」写真撮影以外で、そのことが抜けていたのでは？　と、思い、この本を全力で書くことを決めました。

　やはり、せっかく SNS を活用しているのであれば、稼げるようなノウハウがあれば、すべての人が満足すると思いました。まだ、第 1 章が終わったばかりですが、あなたの人生を変える 1 冊になればと思っています。

　第 2 章では具体的にフォロワーを増やしていくノウハウな　どを公開していきます。

📷 第 1 章　ポイントまとめ

1）プレゼント企画でフォロワー 0 でも稼げる！

2）フォロワーはリストの質が重要！濃いフォロワーを集める！

3）インスタグラムのユーザー数は右肩上がり、
　　稼ぐチャンスは大いにあり！

4）ハッシュタグがインスタグラムで稼ぐコツ

5）成功するにはミドルインフルエンサー 1 万フォロワーを
　　まずは目指す。

6）すでに成功しているインスタグラマーのアカウントを
　　見て勉強することの重要性

7）やり方次第ではツイッターよりインスタグラムの方が
　　稼ぎやすい！

1日10分で
1万フォロワーを
目指す

Instagram

第2章　チェックシート

＜この章で紹介される内容＞

□１日１回の投稿で良いことの理解

□投稿数が多いとフォロワー数が増えることの理解

□インスタ用カメラの SNOW というアプリの理解

□NIKE でインスタグラムの世界観をさらに感動と体感できた

□ハッシュタグのテンプレートを用意できた

□コメントを返す大切さを理解できた

□フォローするマインドセットの大切さを理解できた

□ノウハウ、マーケティング、マインドセットの割合の理解

□どんなアカウントをフォローしたらよいかが理解できた

□本書独自のアンフォローの仕方を理解できた

□コメントは 1000 フォロワー以上の人にすることの理解

□Facebook 広告を使いインスタグラムのフォロワーの

　増やし方の理解

□Facebook 広告のあとのいいね招待システムの理解

（理解が出来たらチェックしてみよう！）

Instagram

◆ 3000 フォロワーを目指せ

　フォロワー数が少ない人は、当然ですが、最初は 1000 フォロワーを目指します。そのあと、3000 フォロワーになっていきます。

　第 1 章では、インスタグラムの基礎知識から、仕組みなどを説明してきましたが、ここからは重要なフォロワーを増やすお話です。

　お金の稼ぎ方に関しては、第 3 章以降で説明をしていきます。このフォロワーを増やすという作業が、本書の"肝"になりますので、何度も読み返していただければと思います。

　なぜ、3000 フォロワーを目指すかというと、キャスティング会社の審査に合格するためです。自分がインフルエンサーとして、お金を受け取るために 3000 という数字が現実で必要になってきます。

　フォロワー数が増えると、1 投稿 1 万円～ 2 万円のお金を稼げる仕事を得られます。それがキャスティング会社へのインフルエンサーへの審査です。

　芸能界で例えると、芸能人の事務所に入るためのオーディションのようなものでしょうか。芸能界もオーディションに合格しないと、事務所に入れず仕事もないですよね。仕事がなければ、お金も得られないです。インスタグラムのキャスティング会社のインフルエンサーの審査もそのようなイメージです。

　このキャスティング会社で稼いでいく手法に関しては、のちほど、後半の章で解説していきます。

そもそもなのですが、インスタグラムはスマホで作業をしましょう。パソコンではほとんど作業はしないです。

パソコンを扱うときは Facebook ページ広告を活用するときです。

◆初めは 1 日 50 人はフォローする

どんな人をフォローした方が良いのか

インスタグラムを始めたばかりの人は 1 日 40 〜 50 人をフォローしましょう。もちろん、いきなり 50 人は…という人は、1 日 1 人でも良いです。精神的に無理がない範囲でやっていきましょう。

そのフォローする人も注意が必要です。海外の人はフォローはなるべくしないようにしてください。理由は明白で、日本のファンを増やしたいからです。今後お世話になるスポンサーの方も、外国人よりは日本人に広告をしたいハズだからです。

では、フォロワーをする人の最善の選び方をお教えします。

> ・自分の投稿に、いいねしてくれた人のフォロワーをフォローする。
> ・名前がきちんとしている人 (なければなくても良い)
> ・顔写真がある人 (なければなくても良い)
> ・男性と女性の割合を決める (生天目なら 8 対 2 で男性が 8 割、女性 2 割) ですね。

＜インサイトを活用する＞

　インスタグラムには、インサイトという便利な機能があります。どの写真が見られているとか、フォロワーの属性など、使わないともったいないです。

　その機能を使うには、以下のような手順が必要になります。

＜インサイトの登録完了の手順＞

　１、インスタグラムの個人ページをビジネスプロフィールに切り替えます。もちろん無料で利用できます。

　自身が、対応する職種を選ぶのですが、特にない、もしくは明らかにしたくない場合は、「個人のブログ」などを選択されるとよいと思います。

　人によっては、インサイトを利用しませんか？　というとお知らせがくることもあります。ので、確認をお忘れなく。

　２、Facebook アカウントのメールアドレスとパスワードを入力します。その後、自分が管理している Facebook ページと連携してつなぎます。（Facebook を連携せずともインサイトを登録できた人もいます）

　３、メールアドレス、住所、電話番号を入力して、登録完了となります。

　（※この方法は変更になる場合がありますので、公式をご確認ください）

インサイトで自分のファン層を知り、男性；女性の比率を決めましょう。わたし生天目なら、下記の図のように、男性が8割、女性が2割と男性ファンが多いことが分かります。

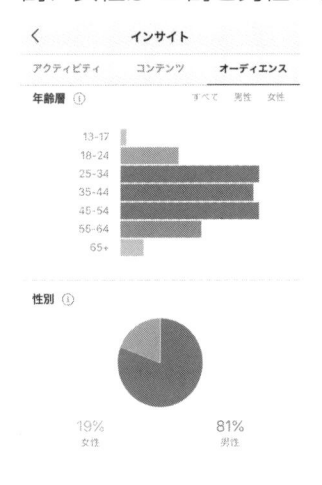

この女性が2割しかいないので、わたしはあまり、女性をフォローすることが少ないです。男性をメインでフォローすることが多いですね。

年齢層に関してもインスタグラムは10代〜20代の若者が多いのに対して、わたしの年齢層は35歳〜54歳までの比率もとても高いので、そこを意識して投稿などもするようにしています。

フォローするときもポイントなのは、例えば、田中一郎さんが名前・画像もきちんと掲載されているとします。きちんと名前・画像を出している人をフォローするようにしましょう。知り合い以外は、なるべく人となりが見える人にします。

＜以下の人はフォロワーをしないようにしましょう＞

・名前が適当な人、

・まったく投稿などしていない人

・海外の方

・フォロワーが10未満の人。

・リクエスト状態になってしまう人（非公開アカウント）

リクエスト状態になるというのは、フォローバックされる確率が非常に低いので、フォローはしない方が良いです。

●相互フォローは最初だけフォローする

これは生天目式のトリッキーなノウハウです。これはどういう事かと言いますと、相互フォローアカウントというのをご覧になったことはありませんか？

多くの相互フォローアカウントの場合は、インスタグラムの公式アカウントマークで、相互フォローを募集しています。

ですので、どんどんフォローしていきましょう。

その後、**5日〜10日ぐらい経ったら、アンフォロー**しても良いです。フォローバックのタイミングが2日〜3日と早いので、そのあとはこちらからアンフォローをしましょう。

次のページからアンフォローのノウハウ・コツを話しています。アンフォローのやり方に関してはそちらを参照にしていてください。そのアンフォローの対象として、相互アカウントもアンフォローをしましょう。

このように相互アカウントは、インスタグラムで「相互」と検索をすると、たくさん出てきます。

どんどんフォローをしていきましょう。

<フォロワーが増えるハッシュタグをご紹介>

下におすすめのハッシュタグを記しますのでご参考に。

```
＃相互、＃相互フォロー、＃フォロー歓迎
＃フォロバします
＃いいね歓迎、＃ふぉろーみー、＃いいねしてね
＃フォローしてくれた人全員フォローする
＃フォローバックします、＃フォローバック率100
```

◆フォローをするマインドセットを外す

　1日1人フォローをするのもためらう人も多いと思います。全てはマインドの問題ですので、ゆっくり解決をしていきましょう。

　マインドセットは日々、毎日強化する。

　えぇ!?　「マインドセット」とは何ですか？　逆にいえば、「そんな話はすでにもう聞いています。」「別の本でマインドの勉強はしました」「そんなマインド・メンタルのことを、いちいちインスタの本で話さないでください。」そう言われることもあります。

　しかし、この言葉だけは覚えてください。「マインドセットは日々ぶれるものなのです」

　日々ぶれるというのは、わたしの師匠がいつも口を酸っぱくして、何度も何度も聞かされます。

＜マインドは心のエネルギーのようなもの＞

　ですので、自己啓発系の本を読んでみて、そんな事、もう知っているではなく、何度も何度も自己啓発系の本でも読むことが重要なのです。

　そして、マインドセットではマーケティングとノウハウの比率を理解することも、とても大切です。

　マーケティングとは販売戦略・集客戦略・ノウハウを活かしていくためのサポーターのようなものだと思ってください。

マインドセット5対マーケティング3対ノウハウ2

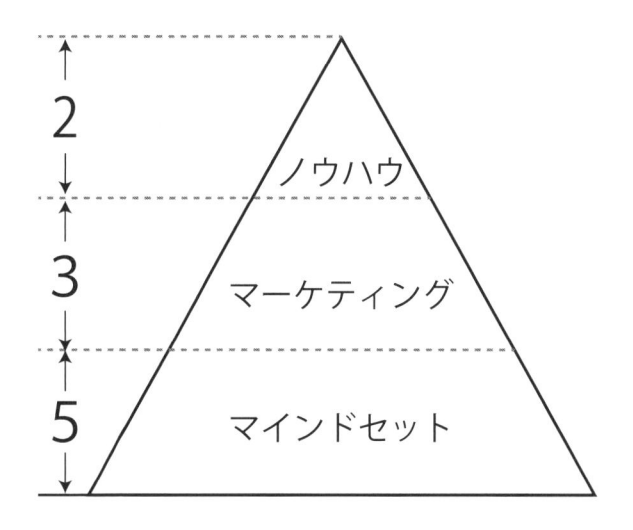

　いろいろなビジネスの本を読んでいると、マインドが9割や、8：2の法則でマインドが8割、ノウハウ2割という実業家もいますね。

47 ページの図はわたし、生天目式のマインドセットの考え方です。全体を 10 と考えたときにマインドセットが 5 割でそれが土台となります。その上にマーケティティングが 3 割で来ます。最後にノウハウが 2 割で来ます。

いくら「よぉ〜し頑張るぞ！」とはりきっていても、その戦略マーケティングが出来ていないと、何も答えは生まれません。

●匿名で 1 日 50 人フォローをする

わたしは気にせず毎日フォローを 1 日 30 人〜 50 人としたりしますが、意外と知らない人をフォローするのは、怖いとか嫌だと思う人もいるかもしれません。

1 日 5 人フォローをするのも、少し嫌だな。そんな気持ちになってしまう人もいるでしょう。また会社員の方々は、なかなか副業をオープンに出来ない人もいると思います。

そういう人はインスタグラムの副業用の専用アカウントを作りましょう。その名前を決めて、フォローをしていきましょう。**名前の決め方に関しては、3 文字か 5 文字が良い**です。あとは漢字とカタカナを合わせるなど。

そうすると、名前が奇数で終わる方が、全体的にインターネットで検索などしたときに目立ちます。

詳しくはわたしの 1 冊目の本、オプトインアフィリエイト集客の極意の 31 ページにビジネスネームを決めるコツの掲載がありますので、ぜひ参考にしてみてください。

先ほども話しましたが、マインドセットを日々、鍛えることは、とても大切です。

　マインドセット、マインドセットとうるさいですが、7 つの習慣により、わたしは行動しています。

　だいたい行動できていない人や、前に進めていない人は 7 つの習慣が出来ていないので、今一度勉強しなおしてください。

＜ 7 つの習慣はとりあえず 3 つ覚えましょう＞
7 つもあるから、頭が混乱する人もいるかもしれません。
では、そのたったの 3 つとは下記となります。
第 1 の習慣：主体性を発揮する。
第 2 の習慣：終わりから物事を考える。
第 3 の習慣：重要事項を優先する。

　もちろん、わたしの公式メールマガジンもございますので、そちらもおすすめです。最初の 22 通はステップローンチ (売りのあるメルマガ) ですが、そのあとは売りのないマインドセット系の教育メルマガになっていますので、非常にマインド強化に効果的だと思います。生天目佳高と検索をすると、公式ページが出てきますので、そこからメルマガをご登録ください。

　下記はメルマガ URL の QR コードになります。読み取りメルマガご登録ください。

　ご登録者特典として、生天目が用意したハッシュタグテン

プレート 2 種類をプレゼントします。その場合、LINE@ でプレゼントしますので、LINE@ で、「ハッシュタグプレゼント希望」とメッセージをください。

◆インスタグラムは１日１回のみの 投稿で良い

インスタグラムの投稿をするときに、１日２回、３回も投稿する人がいますが、それは多すぎです。逆にスパムっぽくなってしまい、嫌われてしまいます。そうなると、フォロワーにも、アンフォローされてしまうでしょう。

スパム投稿とは、何も考えずにただ、やみくもな投稿のことを言いますね。こういった投稿の場合は、アカウントの削除をされる危険性もあるので、なるべく止めましょう。

ですので、インスタグラムの投稿をするときは、**１日１回がベスト**なのです。

「えぇ!?　１日１回で良いの！？そう思う人もいるかもしれません」

しかし、有名なインスタグラマーの投稿を観れば、１日に１回、２日に１回の頻度が普通なのです。わたしもそうしています。実際にわたしが１日に４回投稿をした時がありました。その時はフォロワーの数はあまり、増えなかったですし、むしろ減ることもありました。

投稿するのに反応が良い時間があると言われますが、生天目式は、時間を意識してしまうと、忙しくもあるので気にしません。１日１回、サラリーマンのお昼休みにでも取り組める手軽さが一番だと思っています。

投稿数を増やすことも大切ですが、それと一緒にフォロワー数を増やすことも重要です。

●インスタグラムは投稿数が出てしまう

➡投稿数が多い人の方がフォロワーが多い傾向

　こちらはわたしのアカウントなのですが、はじめに言っておくと、わたしのインスタグラムのフォロワー数は10,924人です。ツールは一切使わず毎日、毎日増えています。オーガニックでここまでコツコツ集めました。

　オーガニックというのは、なにもツールを一切つかわないで、ほぼ無料で集めたという意味です。

　インスタグラム業界を見てみると、投稿数が100〜200しかないのに、2万、3万フォロワーの人もいます。一概には言えないですが、ツールで集めている人も多いと思います。

●インスタグラムのツールソフトとは!?

　ツールという言葉を初めて聞く人も多いかもしれません。インスタグラムのツールに関しても、地道なフォローが面倒だと思う人のためにあるのです。ツールを使えば、より早くフォロワーを増やすことができます。

　しかし質の悪いフォロワー(外国人など)を増やしてしまうリスクもあるので、使う場合には、しっかりとリスクも含めて理解をしておきましょう。

ツールのお話に関しては、第6章のインスタグラム裏技集でお話をしていきたいと思っています。

ただ、本書ではなるべく無料でフォロワーを増やすことを前提として、お伝えしていきたいと思います。

第1章でご紹介をした、クラシルさんも4500投稿を超えていました。また、芸能人で人気のあるSAEKOさんも5000投稿を超えています。

SAEKOさんの場合は、1枚の1枚の写真がとても丁寧に作り込んでいます。

他の有名なインスタグラマーの方を調べますと、やはり、いいね、フォロワー数が多い人は投稿数も多いですね。連動して増えるようです。

逆にフォロワーが増えない、いいねが少ない人は、画像が汚かったり、世界観が伝わらない投稿だと、フォロワーも1000もいかない人も多いですね。

◆投稿する際は、
必ずテンプレートを3種類ほど用意

●インスタグラム投稿時のテンプレートの例について

1日10分の投稿にするため、インスタグラムを投稿するときは、出来る限り時間を短縮させたいです。そのためテンプレートが必要になります。

　テンプレートとは決めらた文章を事前に作成しておいた文章のことです。とても時間短縮にはなりますが、まずこのテンプレートを作る過程が、面倒と思う人もいるかもしれません。

　たしかに面倒ですが、一度、作成をしてしまえば、あとはコピぺするだけなので、必ず作成をしましょう。

　わたしの場合は、スマホの iphone の機能であるメモ帳にいつも、テンプレートを用意しています。テンプレートは１番〜 10番まであります。下図は、そのうちの４番にあたります。随時合いそうなものを使用します。

＜ メモ　　　　　　　　　　　　　　⬆

　　　　　　　2019年2月6日 20:07

【インスタグラムテンプレート4】、。、
・
下記もよろしくお願い致しますm(_)m
・
＝生天目 佳高の「オプトイン集客の極意」の本が大好評発売中‼
・
（Amazonで販売されてます。書店でもございます！）✨
・
LINE@ は、@fwl3596m です。登録されましたら、特典動画をお送り致します✨
・
上記URL生天目佳高オフィシャルサイトより、本の方はご確認、ご購入できます✨
・
〜〜〜
ストーリーテンプレート

生天目佳高、今年待望の新シリーズ書籍発売決定！書籍内容は業界初！インスタグラムと〇〇を合わせる⁉＾＾

　また、iphone のデータが消えたら怖いので、パソコンのワードでも保存しています。

　実際に活用しているテンプレートですね。

　ここで注意が必要ですが、テンプレートを用意しているからと言って、投稿する時にコピぺしておしまいではないです。

●改行をして、分かりやすい文章にしましょう

次の文章は 53 ページの図の部分で、

・

下記もよろしくお願い致します m(__)m

・

で、この点が多いと思いますが、インスタグラムの場合はこの点が改行のポイントとなります。

「ビジネス」系の強い投稿をすると、極端にいいねの数は減ります。「お金」「稼ぐ」など系統の投稿は、インスタグラムでは嫌われることが多いワードになります。

毎回、ビジネス系の稼ぐメインの投稿だと、いいねが減りますので、そこは注意が必要ですね。

こちらがわたしがよく使うテンプレートです。この時は、1冊目に出版をした本の宣伝と、LINE@ の宣伝です。

普通に改行しても良いのですが、わたしの場合は、·(点) を使います。·(点) で改行することも出来ます。下記の図より、·(点) をつけることにより、改行されていることが分かるかと思います。改行をしないと、ずっと詰めこんだ文章になりますので、相手に読んでもらえませんし、フォロワーから嫌がられてしまいます。

nabatameyoshitaka わたしが主催すり毎月のNTP生天目コミュニティの実績報告会‼ 月収100万円、200万円越え多数 💰💰

・

下記もよろしくお願い致しますm(_)m

・

＝生天目 佳高の「オプトイン集客の極意」の本が大好評発売中‼

・

（Amazonで販売されてます。書店でもございます！）

📓

・

書店と上記URLよりご覧になれます✨

●絵文字を使い文面を明るくする

さきほどのわたしの投稿をみてわかると思いますが、ビックリマークや本の絵文字など入れています。絵文字を入れることにより、文章が柔らかくなるので、必ず絵文字は入れましょう。このあたりは女性を意識して投稿します。

●コメントは出来る限り返す

これは Facebook でも同じですが、**コメントは出来る限り返しましょう。**コメントをもらえると、いいねもより集まりますので、とても良いことです。

コメントを返す時の注意点ですが、同じ返すにしても、一言で良いので、必ずワードは変えましょう。同じコメントにならないように短く返すのがコツです。

毎回、「ありがとうございます」だけしか打たない人も多いですが、それでは味気なくあきられてしまいます。

上記のように、「ありがとうございます。」「嬉しいです」「宜しくお願い致します」など言葉を変えましょう。

そうすると、「あぁ～、この人はコメントもしっかり考えてくれているんだな」と、次もコメントをしてくれます。

●投稿をするときのインスタフィルターの選び方

カメラはビビッド、アプリは SNOW の Aqua が良いと思います（詳細は後述）。次はインスタグラムで投稿をするときに変更するフィルターのお話です。

わたしがおススメする、インスタグラムに投稿する時のフィ

ルターは、Ludwig が 8 割、1 割は Clarendon、残りの 1 割はノーマルフィルターが多いです。Ludwig はコントラストが強めになり、エッジが効くので、綺麗に映

ります。料理関係には鮮やかに映るのでおすすめですね。

　まとめますと、

> **SNOW の Aqua で撮影、インスタグラムのフィルター Ludwig で投稿すると、綺麗に投稿出来る**

●ストーリーズもテンプレートを作成する

　第 3 章でもストーリーズに触れるのですが、ストーリーズはとても重要な投稿です。

　ストーリーズとはインスタグラムのホーム画面で上に表示される丸いアイコンですね。

　53 ページの写真で、ストーリーズのテンプレートも少し見えましたね。

　インスタグラムの投稿をした時は、投稿した時の同じ画像で構いませんので、必ずストーリーズをセットで入れるようにしてください。

　インスタグラムのストーリーズに関しては第 3 章で詳しく説明をしていきます。

> 【観る人は2つに分かれる】
> ・インスタグラムの投稿をメインに観る人
> ・インスタグラムのストーリーズだけしか見ない人

　ストーリーズに関しては24時間インスタグラムのホーム画面の上に表示をしてくれるので、見てくれる率が高くなります。

左記の写真で、左にストーリーズと記載がありますよね？この欄にあるのがストーリーズとなります。

　ここから見て、フォローをしてくれる人もいますので、フォロワーも増える可能性を秘めています。

◆いいね、コメントは 1000フォロワー以上の人のみ

●1日5人以上はコメントをする

　フォロワーを増やすためには、相手(自分のフォロワー)の投稿に対しても、いいね、コメントをした方が良いです。

　そうすると、そのコメントを見た人がフォローをしてくれたりしてくれます。

　これはFacebook、youtubeでも他のソーシャルメディアでも活用できるノウハウです。

コメントの頻度では 1 日 5 人〜 10 人程度に。

いいね、コメントに関しては、なるべく自分のフォロワーで 1000 フォロワー以上を持っている人にしましょう。

わたしの場合は 3000 フォロワー〜 1 万フォロワー以上なら、2 記事にそれぞれ、いいね＆コメントをしています。

●重要：コメントビューにより、フォロワーが増える

「コメントビュー」という新しい用語が出てきましたね。これも非常に重要なので、重要マークをつけさせて頂きました。これは用語というより、わたしの造語かもしれません。

わたしのビジネスの先輩がよく、「コメントビューが大切である」とおっしゃっていたので。

コメントビューからのフォロワーをたくさんもらえることになります。このような人は、どんどんフォローをして、たくさん、いいね、コメントをした方が得です。

このコメントビューがとても大切なのです。それは Facebook でも同じです。なるべく友達が多い人、フォロワーがたくさんいる人にコメントをしましょう。

●同じコメントにならないようにする

面倒臭いからと言って、「素敵ですね」「宜しくお願い致します」など、同じコメントばかりだと、スパムっぽくなるので、コメントは、ひとりひとりのアカウントごとに、もちろん、変えましょう。

それでも時間はかけたくないので、「○○が素敵ですね」「そ

の写真の○○が良いですね」。なるべく1枚の写真に関連した、いいね、コメントをするようにしましょう。

● 5000フォロワー以上持つ人はコメントを2回する

1000〜5000ならコメントは1回ですね。5000フォロワーを超えているクラスのインスタグラマーでしたら、コメントビューも大きいので、2回のいいね、コメントにしましょう。その方がより、フォロワーも増えてきます。

◆アンフォローを上手に行うポイント

●フォローのリミットは7500人と覚える

毎日50人ずつフォローしていくと、7500人でリミットが生じます。つまり、これ以上はフォロー出来ないという上限に達してしまうのです。

これがなかなか1万フォロワーに達することができない人が多いという事です。単純に1日50人フォローしていけば、7500÷50で150日、約5か月でリミットに達してしまいます。リミットに達した場合はアンフォローをしなければいけません。そのアンフォローにもコツがあります。

●重要1：低階層をアンフォローするノウハウ

なぜこちらを重要項目に入れたかと言いますと、このアンフォローをうまくできるかが、フォロワーをより増やすためのポイントだからです。

アンフォローのノウハウは物凄く重要です。ここができるか出来ないかで、1万フォロワー達成に影響します。しっかりマスターをしましょう。

＜アンフォローする場合は低階層からアンフォロー＞

　低階層というのは、表示序列で下の方にいる人のことで、関係性が希薄な人ほど、下にある傾向が強いです。

　リミットに到達した場合、その後1日100人はアンフォローしたいです。1日1000人アンフォローをすると、インスタグラムから制限を受け止められますので、気を付けてください。どんどん、**下のメンバーからアンフォローをしましょう。**　下にいるメンバーはソーシャルメディアでは親密度が低い傾向にあります。この考え方はFacebook、ツイッターでも同じように、わたしは捉えています。

　これはわたしのFacebook友達ページですが、いつも投稿を観ている川島和正さんや、他のメンバーも、とても親密度が

高いです。この友達一覧ページが下に行く人ほど、「いいねをくれていない、閲覧もされていない」人達なので、なるべく、友達削除をした方が良いのです。

インスタグラムでも同じように、親密度が高いフォロワーは残し、低階層のフォロワーはアンフォローしていきましょう。

●重要 2：アンフォローに関しては 5000 人で一度停止
＜ 1 日にアンフォローする人数は 100 人程度にする＞

インスタグラムで 1 日 100 ～ 150 人ほどアンフォローしたとすると、2000 人をアンフォローするまでに、約 15 日かかります。

正直言えば、この約 15 日間はとても長く感じます。

この 15 日間もきちんと毎日、投稿をしないと、フォロワーが減ってしまいます。

また、アンフォローに関しては、5000 人で一度、止めましょう。調子に乗って、どんどんアンフォローをしてしまうと、本当にフォロワーがいなくなってしまう恐れがあります。

＜ 5000 フォロワー後、毎日 30 人フォロー＞

アンフォローにより、自分のフォロワーは 5000 フォロワーになったので、2500 人フォローすることが出来ます。

ですので、毎日 30 人はフォローしましょう。この時に同時作業で 15 人アンフォローをしてもオーケーです。

そうすると、実際には毎日 15 人しか増えないことになります。あとはこの繰り返しなのです。

また 7000 フォローまで増えたら、約 15 日かけて、2000 人をアンフォローし、5000 人にしていきましょう。

この繰り返しで、フォロワーはどんどん、増えてきます。

◆インスタグラムで撮影するときの
　カメラに関して

　1日10分を目標にするため、もちろんカメラもスマホです
　わたしは iphone が好きなので、この著書では iphone とま
た、アプリの SNOW に関して説明します。

　iphone なら動画も撮影もできます。撮影に関しては、
iphone のフレームでビビッドに合わせるようにしてくださ
い。これがおすすめのフレームです。

　また、汎用性のあるカメラフレームでは、アプリケーション
の SNOW がおすすめです。

　アプリに関しては他にオススメなのは、

・ビューティープラス、
・PicsArt 写真 & 動画エディター
・b612
・カメラ 360
・foodie
・正方形さん（インスタグラムのサイズにトリミング）

　一時期はコラージュアプリが流行したのですが、最近では
フィルターをうまく活用して綺麗に見せるなどが流行っていま
すね。大切なのは、インスタグラマーのアカウントの写真を一
覧で観たときの世界観です。

　わたしの場合はグルメがメインなので、グルメの写真で 9 割を統一しています。

　インスタグラムの世界観と聞いて、あまりイメージがわかない人もいるので、もう少し詳しくご説明致しますね。

　世界観とはそのインスタグラムのアカウントでフォロワーに最も伝えたいことです。第一章では LEGO の企業ページをご紹介しました。

　今回は NIKE の企業ページアカウントでインスタグラムの世界観に関して、第 1 章の復習をしたいと思います。

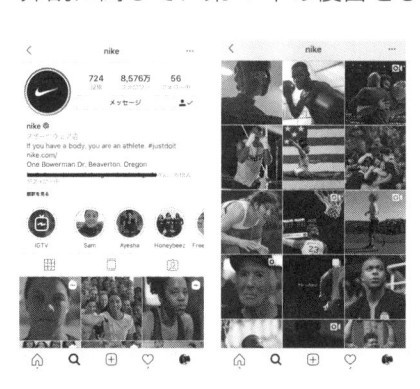

　こちらは NIKE の企業ページですね。企業のアカウントで勉強になるのは、動画とそれに合わせた絶秒な音楽との相性です。

　この動画をみるだけで、わたしは涙が出るほどの感動を得てしまいます。

　ここで、NIKE が伝えたいのは、「感動、夢をあきらめない、挑戦、熱さ、魂」などをわたしは非常に感じました。

　NIKE の企業ページなのに、いきなりグルメやまったく関係のない人の写真が出てきたらダメですよね。

　インスタグラムの世界観というのは、崩すとフォロワーが減ることもありますので、注意しましょう。

企業は SNS に力を入れることにより、口コミで集客が出来ます。ですので、無駄に CM や宣伝費用の経費の削減にもなっていきますね。

　わたしの周りでもインスタグラムで女性ユーザー向けの商品を販売している企業がありました。そこでインスタで無料で販促したところ、売上を 2 倍〜 3 倍にも向上させました。

　「スターバックスはなぜ値下げもテレビ CM もしないのに強いブランドでいられるのか」という本から SNS の重要性を学びました。あの有名なスターバックスは、テレビ CM は出さないかわりに、Twitter、インスタグラムなどの SNS に力を入れています。それほど SNS の重要性は高いのです。

　ただ、わたしの場合は 1 日 10 分がテーマなので、先ほどのカメラに関しては、iphone で撮影をします。

　その写真のアプリとビビッドについてわたしの経験から設定等を詳しく説明をしていきますね。

● iphone のフレームはビビッド

　ビビッドに関しては料理の写真の時に、おいしく写るので、レストランなど行かれたときに料理の撮影で使う事が、わたしは多いです。

　ビビッドには 3 種類のフレームがあります。

　・ビビッドのノーマルフレーム

　・ビビッド (暖かい) フレーム

　・ビビッド (冷たい) フレーム

　の 3 種類です。

わたしはビビッドのノーマルとビビッド (暖かい) というフレームの 2 パターンを使います。ビビッド (冷たい) フレームは、クールな演出になり上級者向けのフレームですね。

●簡単な編集は SNOW で！

SNOW は人気のアプリであり、季節限定フィルターやアプリ内部で簡単な編集も出来ると浸透していますが、ビューティー効果もかなりあります。

SNOW の フ ィ ル タ ー は **"AQUA"** を 活用 し て く だ さ い。

上記のように、SNOW の画面上でフィルターという項目があります。そこをクリックして変更しましょう。

"AQUA" が良い理由としては、より自然に綺麗に撮影が出来ます。これはグルメ、人物、風景でも、すべて "AQUA" で対応できます。わたしの周りのインスタグラマーの方々も "AQUA" を活用している人が多いです。

特に人物を撮影する時や風景の時は AQUA が、綺麗に自然と撮影できます。また同じく SNOW で Jelly というフィルターもオススメですね。ぜひ、試してみてください。

◆ Facebook 広告を使い
　フォロワーを増やす

● 5000 フォロワーの壁が意外ときつい

　「えぇ!?　広告を使うの!?　お金がたくさんかかるのではないの？」そう思われる方もいるかもしれません。

　フォロワー数が 5000 〜 1 万人あたりで、つまづく人が多いとわたしは思います。フォローできる人数のリミットが上限の 7500 とすると、7500 フォローに達すると、結果的に 3000 〜 4000 フォロワーは集まりますが、当然ながら、7500 は集まりません。

　約半分はフォロワーが集まるとイメージをしてください。その後は 59 ページから解説しました、アンフォロワーの作業をしないといけません。意外とこれが面倒くさいです。

　しなくても、純増はありますが、一気の増加は見込めません。ですので、ちょっと面倒だなと思う人は一気に広告で集めてみても良いと思います。

● Facebook 広告の方が一石二鳥でインスタ運用

　インスタグラムのユーザー数も増えるようになり、インスタグラムのフォロワーを集めたり、メディアの宣伝、そして、いいね招待システムにより、Facebook ページのいいねもたくさん増えます。

　Facebook 広告を打つには、Facebook ページを作成しないといけません。

● Facebook 広告の簡単手順

Facebook ページの広告センターで、「広告を出す」を選択。下記のような画面になります。

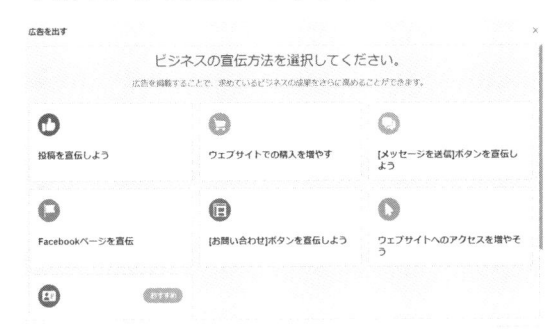

ここで投稿を宣伝で選択をしましょう。投稿を選択して、どの投稿を宣伝するか決めましょう。

● Facebook ページで広告宣伝をするときは、
　 URL を１つにする

Facebook に広告を出せるのですが、なんでもかんでも出せるわけではないです。Facebook 広告には、審査があります。その審査基準をクリアしないと、広告を出稿できません。

2018 年に仮想通貨・ICO のキーワードでの広告が NG キーワードとなりました。情報商材系はギリギリ審査は通るときもあれば、落ちるときもあるというところです。ですが、わたしの経験則から、インスタグラムは審査に落ちにくいと思います。

●実際にインスタグラムを宣伝する時の文章

68 ページは一例ですが、予算 3000 円で、わたしの生天目佳高のインスタグラムの URL を貼り、宣伝をしてみました。その結果もお伝え致します。

実際に投稿をするときの組み立てた文章です。一番上にインスタグラムのURL。あとは、他にも宣伝したいことがあれば、それも加えてしまいましょう。

予算に関しては、はじめは月1000円〜3000円程度で、慣れてきたら、月1万円程度でも良いと思います。

＜実際の結果です＞

ここでポイントなのは、3000円の広告費でシェアが13件、いいねが789件もあることですね。

そこから「いいね招待ノウハウ」も活用できます。いいね招待システムとは、いいねをした人に対して、「わたしのFacebookページをいいねしてください。」という招待を送れます。

すでにいいねをされている人はもちろん、それ以上にいいね招待が送れるので、かなりいいね数を集めることが出来ます。

わたしはこの戦略で、一時期、FacebookKページランキングの実業家部門でトップ30まで国内で入りました。

ですので、このノウハウはかなり活用できますので、ご活用ください。つまり、Facebookページのいいねも増えて、メディアの宣伝もでき、インスタのフォロワーも増えます。この広告手法は一石二鳥以上なのですね。

【雑談コーナー】

　第 2 章いかがでしたでしょうか？　はじめの 1 日 1 回の投稿で良いというのは、楽観的な感覚になりませんか？

　1 日 10 分ほどですから、お昼休憩や電車の中で取り組んでみましょう。

　誰もが陥る失敗はインスタグラムの投稿頻度です。

　わたしはインスタグラムを始めたころは、1 日 4 回ぐらい投稿をしなければ、いけないのかとその頻度で投稿をしていました。

　しかし、そうすると、フォロワーは減ったりするのですよね。インスタグラムは 2 日に 1 回ぐらいの投稿のペースでも良いぐらいです。

　あとはマインドセットのお話もしましたね。

　マインド・メンタルのお話をして、「そんなのはいいから、ノウハウを教えてくれよ」そう、思う人もいるかもしれません。

　しかし、優れたノウハウが目の前にあったとしても、それを行うマインドがなければ、ノウハウは光り輝きません。

　このマインドセットは、日々ぶれたり、弱くなったりします。毎日のトレーニングが必要なので、必ず意識して鍛えましょう。

　フォロワーを増やさなければ、収入はないですよね。第 2 章のメインはフォロワーを増やすことでした。

第２章　ポイントまとめ

１）１日 10 分でも毎日投稿するとフォロワーは自然と増える

２）インスタグラムのカメラ撮影は SNOW をマスターする

３）インスタグラムで重要なのは、投稿から相手に感動を
　　伝えること

４）ハッシュタグのテンプレート、投稿リード文の
　　テンプレートを作る

５）フォローは 1 日 50 人、どんなノウハウも
　　マインドセットが重要

６）アンフォロー 7500 人の上限にいった場合は
　　約 15 日で 2000 人をアンフォローする

７）Facebook 広告でインスタグラムの
　　フォロワー数を増やす

第3章

まずは月数千円
稼ぐ方法から
お教えします！

Instagram

第3章　チェックシート

＜この章で紹介される内容＞

□インスタグラムで広告収入を得られる事の理解

□インスタグラムではプロフィール URL が重要の理解

□コンテンツの作成はそれほど難しくない

□インフォトップという ASP の理解

□ストーリーズという機能と活用の理解

□ハイライトを理解できた

□ストーリーズ広告の理解

□海外のハッシュタグと日本のハッシュタグの違いの理解

□ハッシュタグテンプレート戦略の理解

□関連キーワード取得ツールの理解

□共起語ツールの理解

□ハッシュタグランキングの活用方法の理解

□稼ぐためのインスタグラムの投稿の理解

（理解が出来たらチェックしてみよう！）

フォロワーを増やしながら
コツコツ収益を上げていこう

◆インスタグラムは投稿と
　セットでストーリーズも

　インスタグラムのストーリーズに関しては、第2章でも触れたのですが、ここではより詳しく解説をしていきます。

　インスタグラムで投稿したあとは、必ずストーリーズを入れましょう。なぜなら、ストーリーズはインスタグラムのホーム画面で24時間一番上に表示されるので、閲覧をしてくれる確率が上がるからです。

　ストーリーズへは、悩まずいつもの投稿の写真をコピペして貼り付けてください。「そんなコピペで大丈夫ですか？」と質問も受けますが、ストーリーズだけを見る人もいるのです。

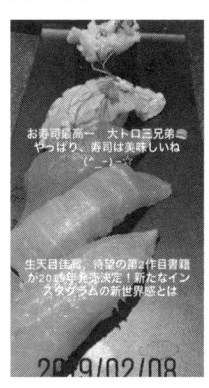

　そういった、投稿は見ないけど、ストーリーズだけを見る人のために、必ずストーリーズは投稿しておきましょう。表示させる文字は、売り文句の文章ではなく、「今日も1日感謝」や、「最高の1日となりました」などポジティブな言葉を入れましょう。

　ネガティブな文章ではフォロワーは増えないです。

●ストーリーズは必ずハイライトに保存

<ハイライトはストリーズを保存できる場所です>

ハイライトという言葉を初めて聞く人も多いかと思います。ストリーズは 24 時間で消えてしまいますが、ハイライトに保存して永久保存できます。そして、はじめて、あなたのインスタグラムを訪れた人がハイライトを観る事によって、世界観を知ることができ、同時にフォロワーが増えます。

ストーリーズだけ (ハイライトだけ) を見るフォロワーもい

ますので、ハイライトを作ることにより、フォロワーも自動で増えてきます。

黒枠で囲ってある部分がハイライトです。わたしの場合はグルメ系なので、フレンチ、お寿司、パスタ、ラーメンなど分けています。

●ストーリーズは、Facebook 個人ページで活用

いわゆるコピペ作業です。たとえば、上記のお寿司の写真のをインスタグラムのストーリーズで加工をしたら、保存をして、それを Facebook の個人ページで活用するのです。

●ストーリーズは必ず、Facebook ページと連動させる

この Facebook ページとの連動機能は、とても素晴らしいです。一気にいいねと、フォロワーもアップします。

◆ストーリーズ広告で告知・宣伝する

　ストーリーズ広告という言葉が出てきましたね。ストーリーズはホーム画面の時に上に出てくる 24 時間だけの宣伝のようなものですね。上部に 24 時間表示され続けるので、閲覧される確率も上がってきますね。

　インスタグラムで稼いでいくためには、ストーリーズでなにかしらの告知をしていきましょう。

　わたしも本の告知や、ブログの更新の告知などストーリーズでよくやりました。

　セミナーではなくても、ストリーズの広告で「詳しくはこちら」で URL を貼ることが出来ます。

　スマホでの簡単ストーリーズ広告設定

　右図はストーリーズをインスタで投稿をして、「もっと見る」という設定画面を押したときの写真です。ここで宣伝を選択してください。その宣伝を押したときの次のページ画像です。

キャンセル	リンク先	次へ

誘導先を選択

あなたのプロフィール ○

ウェブサイト ◉
kigyouconsultant4649.jp
アクションボタン：詳しくはこちら
編集

ダイレクトメッセージ ○

　ここで、ウェブサイトを選択できるので、公式ページ、セールスページ、ランディングページなど、宣伝したい URL を貼りましょう。あとは、次へを押して、予算などを選択するだけなので、省略します。

　そうすると、「詳しくはこちら」とリンクを貼れたストーリーズ広告を貼ることが出来ます。

◆インスタグラム攻略のカギは 海外ハッシュタグ

え？ 日本のハッシュタグだけの方が、日本のファンはつくのでは??　そう思ってしまいますよね。しかし、日本語のハッシュタグと、英語のハッシュタグを両方使う方が数値レベルが高いです。たとえば、＃お金　と検索をすると、816096件ヒットします。今度は、＃money と検索をすると、37237140件もヒットします。

注意点としては、英語のハッシュタグだと、外国人もフォロワーが来るかもしれないということです。

自分のアカウントがすべて外国人というのは、よくないですが、アカウントの3%～5%程度なら外国人でも良いと思っています。いいね数を伸ばすという意味でも日本人を優先していきたいところです。そういう意味あいからも、外国人のフォロワーに対しては基本的に対応はしません。あくまでもフォロワー数を増やす手段としてです。

わたしは、**＃eat　を使うことが一番多い**ですね。グルメアカウントなので、これも3800万件ヒットします。

これからのSNSは海外も意識して投稿することが重要ですね。 英語のハッシュタグの勉強をすることも大切です。海外のトップインスタグラマーのアカウントをフォローして、どのようなハッシュタグを並べているか学びましょう。

◆ハッシュタグのテンプレートを
　10個ほど用意

　ハッシュタグがインスタグラムの攻略のカギというのを何度も説明しています。そこで、わたしが思いついたのがハッシュタグのテンプレート化です。

　この項目ではハッシュタグのキーワードをツールを活用して抽出していく方法、ハッシュタグランキングを活用して見つける方法などをご紹介していきます。

●ハッシュタグのテンプレートがコツ

　わたしは1日10分でこのインスタグラムの作業をしたいので、ハッシュタグはテンプレート化しています。その場合もiphoneのメモ帳にハッシュタグを保存しています。

　わたしのテンプレートリストの1〜4です。

```
＜メモ                          ⬆

【ハッシュタグテンプレート1】
#成功 #起業 #副業
#集客 #お金 #遊び
#夢 #感動

【ハッシュタグテンプレート2】
#休日 #motion
#food #犬
#health #人生 #new
#beauty #work #nature

【ハッシュタグテンプレート3】
#おはよう #インスタ気分
#旅行 #family #style
#happy #eat #lunch
#dream

【ハッシュタグテンプレート4】
#cute #money #感動
#followme #me #政治
#summer #girl #スポーツ
```

　ハッシュタグで意識することは、人気ランキングで上位のあるハッシュタグを活用するという事ですね。実際はもっとあります。毎日、思いついた言葉を書き溜めています。

　ところで、ハッシュタグには人気ランキングというものがあるのをご存知ですか？？

　左記のテンプレートもいくつかそこから引用をしております。

●日本語ハッシュタグはひたすら書き出す

```
< メモ                          ⬆
#集客 #セミナー #テレビ
#感動 #夢 #希望 #ホスト
#年収1億円 #大手 #不労所得
#金持ち #セレブ #仮想通貨
#ビットコイン #株 #FX
#ギャンブル #マネー
#海外 #旅行 #飛行機
#六本木 #モデル
#銀行 #競馬 #馬券
#結婚 #婚活 #美人
#ネプチューン #政治 #社会
#マイル #モデル #ハワイ
#金融 #社会 #政治 #成功
#借金 #融資 #ICO #宝くじ
#成功 #トヨタ #自由
#恋 #池袋 #人生
#モノマネ #会話
#営業 #ストレス #学校
#学生 #アメリカ #サッカー
#夢 #ロシア #野球
#新宿 #幸せ #幸福
#クラブ #漫画 #ドラゴンボール
```

これはわたしの iphone のメモ帳にあるのですが、とにかく思いつく単語を入れています。

さきほどのハッシュタグのテンプレートだけでも良いのでは？ と思うかもしれませんが、それだけでは足りません。

日々、用語を追加していかなくてはなりません。わたしの場合は、300個以上も用意してあります。1000個以上あっても良いと思います。多ければ多いにこしたことはありません。

＜ランダムにハッシュタグを入れてもフォロワーは増加＞

「あんなにハッシュタグをランダムに入れて、大丈夫なのですか？」そういった質問もいただきました。

大丈夫です。むしろランダムの方がフォロワーが増える感触がわたしはありますね。

１万フォロワーまでいくとなかなかフォロワーが増えていかないという相談が多いです。実際に、**このランダムハッシュタグテンプレート手法が一番、フォロワーが増えてきます。**

感覚的には釣りのようなイメージですね。多くのハッシュタグを入れることにより、そのハッシュタグがある釣り堀に竿を落とすというようなイメージです。

●関連キーワード取得ツールを使いましょう

とにかくひたすらキーワードを書きましょう。と、言われても、なかなか思いつかないものですね。

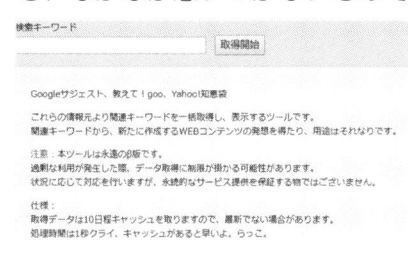

こちらが関連キーワード取得ツールのトップ画面です。意外とシンプルです。https://www.related-keywords.com/

上記の URL より、アクセスが出来ます。

そこで、たとえば、「お金」と関連キーワード取得ツールに入力をしてみると、下記のように果てしなく出てきます。こう

いうったものを、ハッシュタグテンプレートに入れましょう。

この場合は、ハッシュタグにするのは、「お金がない」「お金持ち」「稼ぐ」「お金を借りる」「愛」などですね。

関連キーワード取得ツールと並行して活用した方が良いのは、共起語ツールです。

＜共起語とは !? ＞

共起語という言葉を初めて聞く人もいるかもしれないですね。共起語とはあるキーワードが含まれた文章コンテンツの中に、そのキーワードと一緒に頻繁に出てくる単語のことですね。

たとえば、「美容」なら、「ダイエット」、「スキンケア」「化粧水」などのキーワードです。

実際に次のページのツールを活用して共起語をリサーチしてみましょう。

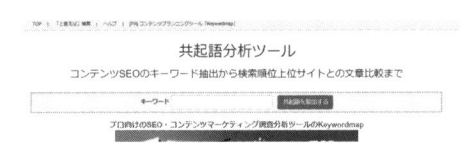

共起語のツールでは、下記の共起語分析ツールをよく使います。

https://contentsearch.jp/cooccur-terms.php

品詞別出現キーワード

名詞	出現数	スコア
皮膚科	1,148	0.165750
埋没	568	0.134190
ログ速	529	0.114380
姉妹	349	0.065680
プロ遺伝	327	0.077260
ちゃんねる	322	0.065650
プロ	305	0.059840
改悪計	286	0.067570
成分	271	0.051420
美容外科	233	0.045710
育毛奮選	219	0.051740
保温	205	0.041920
2ちゃんねる	194	0.039670
ハッカ油	185	0.043710
利効	185	0.040000
改選選奮	175	0.041350

こちらはトップ画面ですね。たとえば、上記で「美容」と検索をしてみます。そうすると、その美容と関連性の高いキーワードが沢山出てきます。こういったものをハッシュタグメモ帳にとにかく書き出しましょう。

今度は英語の検索結果です。1位は love 日本語だと、愛ですね。おすすめのハッシュタグとしては、# cute や、# happy なども非常に人気のキーワードですね。

わたしはグルメ専門なので、# eat、# food が多いですね。

	ハッシュタグ	日本語
1位	#love	愛
2位	#instagood	instagood
3位	#Photooftheday	今日のベストショット
4位	#fashion	ファッション
5位	#beautiful	綺麗な
6位	#happy	ハッピー
7位	#cute	可愛い
8位	#tbt	思い出をシェアしよう
9位	#like4like	いいね！返しするよ
10位	#followme	フォローしてね

人気のキーワードを使い、アクセスとフォロワーを増やしていきましょう。

インターネットで調べれば、ハッシュタグのランキングは分かります。しかし、それだけだと、ライバルと同じハッシュタグになってしまいますよね。

その探し方のコツを解説をしたいと思います。

#love

♯ love　とハッシュタグをインスタグラムの投稿をする瞬間に出すと、それに関連するハッシュタグが出てきます。そこに、♯ lover　♯ loved　♯ loves　♯ lovemusic など探せばきりがないです。

#lover
投稿9,963,095件

#loved
投稿6,496,848件

たとえば、♯ lover に関しては、なんと約996万件もヒットします。こういった関連するハッシュタグをメモをして、どんどん自分だけのテンプレートを作成しましょう。

#loves
投稿6,850,360件

#lovemusic
投稿2,846,351件

◆稼ぐための実際の　インスタグラム投稿の仕方

インスタグラムの投稿の仕方でもポイントがあります。それに関して、詳しく説明をしていきたいと思います。ポイントは同じ写真なら動画ひとつ、写真2枚〜3枚で撮影するのがコツです。

●稼ぐ投稿の前に写真はどのように撮影していますか？？

第2章でもSNOWや他のアプリもご紹介致しました。まずはそのアプリで撮影をしてみましょう。

同じグルメの写真なら3枚は角度を変えて撮影をしましょう。なぜかと言いますと、同じグルメの写真なら3枚ほど撮影をしておけば、Facebookと連動した時に反応も上がるからです。

インスタグラムにはFacebook連動投稿機能があります。ですので、毎回、投稿をするときは、Facebookページと連動させることが非常に重要です。

お客様の立場で考えてみれば、「あ、こんな角度もあるのか。近くで見ると美味しいそうだな」「（遠くで観ると）お皿の形はこうなっているのか」ですので、3枚というルールは覚えておいてください。

3枚が難しいと感じたら2枚でも大丈夫です。

●インスタグラムの投稿は短めがベスト

インスタグラムで長文で文章を作成して投稿している人がいますが、インスタグラムでは長文の投稿は避けて、短めの投稿にしましょう。はっきり言ってしまえば、そこまで読まれないです。Facebookもそうなのですが、短めの方が"いいね"やフォロワーは増えますね。

　第１章でインスタ四天王の女性４人をご紹介しましたね。ほとんどの投稿は短め、１行、２行が多いです。

　わたしも１日１０分と決めているので、１行、２行の文章です。８２ページの投稿でも「デザートはいつもティラミスで決まりだね」しか言っていないです。

　インスタグラムで重要なのは、画像が９割であり、文章の重要性はそれほど、"ない"とわたしは思っています。

　何度も言いますが、**インスタグラムは世界観を伝えることが大切**なので、画像の方が重要度はとても高いです。

＜ Facebook は画像 6 割、文章 4 割の比率＞

　Facebook でも画像はとても大切です。かなり商用活用ができるので、プロフィールを長文にしたり、普段の投稿を１０００文字でも良いと思います。

　補足としては Facebook も文章が短めの方がいいので、文字数としては３００〜５００文字が良いかもしれないですね。

　「続きは下記のコメントのブログより」で。コメント欄にそのブログの URL を貼り、誘導をしましょう。

● Facebook ページも同時に鍛える

　現在、わたしの生天目佳高の Facebook ページは、ページ

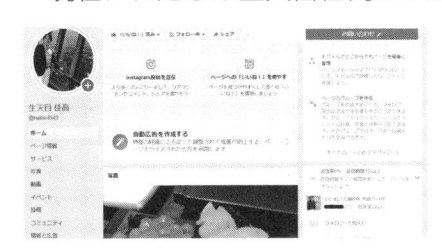

いいね数が６８００人、フォロワーが６６００人とかなりの媒体にはなっています。嬉しい限りです。

Facebook ページも同時に鍛えるという意味は、インスタグラムの投稿が Facebook ページと連動するからです。

わたしは毎回インスタグラムを投稿するときは、Facebook ページとセットで投稿しています。

◆ 広告収入を自分から営業しにいく

ここから本格的に、稼ぐステップに入っていきたいと思います。インスタグラムで稼いでいく＝インスタを活用してネットビジネスで稼いでいくことでもあります。

＜ここ数年のインターネットビジネスの背景＞
2018 年は仮想通貨詐欺の横行、ICO 詐欺で 1000 万円〜1 億円以上も損をする人もわたしの周りでいました。

2019 年はメルマガ大手のまぐまぐの規制、ペイパル凍結事件、年商 130 億円 (年収 12 億円) の美容通販の社長が脱税で逮捕、プロダクトローンチの逮捕者など。情報業界にかなり規制が入る年になったと言えます。

＜プロダクトローンチとは？＞
プロダクトローンチとは「1 日 10 分の作業で月収 200 万円、人脈、スキル、能力なくても誰でもできます。スマホ片手で OK」みたいな広告を見たことはありませんか？

こういった広告から動画でステップ形式で 10 万➡ 50 万円→ 300 万円 (高額な時で) スクールをアップセルして販売していく方式です。この集客から販売までの一連の流れをプロダ

クトローンチと言います。

　2019 年 1 月ぐらいから、かなり消費者庁から規制も入り、逮捕者も出ています。

　ではインスタグラムはどうなのかと言いますと、実際、わたしの周りでインスタグラムに力を入れているネットビジネス実業家は、ほぼ 0 に等しいでした。

　だから生天目がインスタグラムに力を入れたわけではないですが、自分の中ではインスタグラムは 5 年後、10 年後と伸びると確信がありました。

　インスタグラムで稼いでいくには、フォロワーも大切ですが、稼ぐマーケティングを理解しないといけません。

　「よく○○から広告掲載の依頼が来ました」などテレビ・メディアでも話されています。そんな待っているのではなく、自分から営業をしかけていきましょう。

　インスタグラムのリンクに関しては、基本的にプロフィールにある URL ひとつしかありません。

　Facebook や Twitter のように、たくさんリンクを掲載することができないですよね。だからビジネスとしては成り立たないのではないか ?? そう思う人が多いです。わたしもはじめはそう思いました。

　ただ 1 万フォロワーを超えていれば、ある程度は広告収入を見込むことも出来ます。

　たとえば、インスタグラムで「飲食」と検索をすると、♯飲食店で 13 万件もヒットします。そうなると、いろいろな飲食店が出てきます。

「♯飲食店」と検索をしましたら、関連のハッシュタグで、♯貸切　♯隠れ家　♯個室　♯歓迎会　など出てきました。このような関連ハッシュタグでもお店を探すことができますね。この場合のハッシュタグは、これを使っている人やお店が検索されます。

●コメントテクニックで営業活動

これは意外とトリッキーな手法で、Facebook でもわたしはよく活用しています。今でも使います。

例えば、いきなりダイレクトメッセージで、「広告収入がほしいので、1 投稿 3000 円〜 5000 円の広告収入をください」とメールで送れば、当然嫌われてしまいます。それは自分がやられてもそう思いますよね。

Facebook でもいきなり、売り込みのメールをする人がいますが、そんなことをしても、相手は購入はしてくれません。

では、どうしたら良いのでしょうか？

その答えは売り込まないことです。さきほどのインターネットビジネスのここ数年の変化を観て分かる通り、強引な販売は本当にいけません。相手が NO と嫌がったら、素直に謝ったり、身を引くことが重要です。

わたしがよくやるのは、Facebook でもそうなのですが、

相手のコメントに入れる営業テクニックが一番です。

　なぜかというと、インスタグラムも Facebook も同じでいいね、コメントをした方が相手のアカウントの質が高まるからです。

＜コメントをするときはとにかく相手を褒める＞

　褒められて嫌な人はそんなにいないですよね。相手の画像の投稿に対して、「尊敬します」「勉強になります」「カッコいいですね」、とにかく褒めるようにコメントをしましょう。

　＜参考までに＞

　これは、今回の本で説明をしているので、「営業」という言葉を使いますが、実際のリアルの打ち合わせでお客様の前で「営業」「商談」「クロージング」、という言葉は使いません。

　そうすると、売り込みが強い言葉の日本語のニュアンスなので、嫌がる人はかなり嫌がります。

●わたしがよく行う必殺のテンプレはこれ！

　①「お世話になります。インスタグラムでグルメ専門のアカウントで、1万フォロワーあるのですが、お店を掲載させて頂いてもよろしいでしょうか ??」

　これはさすがにストレートすぎるので、そうとうメンタルが強い人でないと難しいと思います。ですので、まずは、

　「こちらの投稿のお料理はとても美味しいそうですね。看板メニューなのですか ??」

　と軽く問いかけます。

疑問形で返せば、お店の人も申し訳ないと思い、コメントをしてくれる確率が高いです。その場合に①番のテンプレートを使ってみましょう。

　飲食店の公式ページがあれば、相手の投稿に対して、コメント営業をしましょう。そのあと、コメントを返されたら、ダイレクトメッセージを送りましょう。

＜ソーシャルメディアの飛込営業でも活用できる＞

　このコメント営業手法はソーシャルメディアでの飛込営業手法でかなり活用できます。

　LINE、インスタグラム、Facebook と、活用できます。ただ、先ほども言いましたが、「売り込み感」を強く出さないことです。

　またコメントをすることにより、自分のコメントビューも増えるので、一石二鳥ですね。自分のアカウントのフォロワーも増えていきます。

◆インスタグラムで大切なのは文章誘導

　自分の投稿で一番注意するのは、文章で誘導を入れることです。インスタグラムは URL がプロフィールの 1 つだけなので、そこに誘導をするように文章を作成する必要があります。

　この誘導するという事がとても重要で、それを意識してインスタグラムの投稿でも気を付けていきましょう。

インスタグラムリンクはプロフィール URL のみ

　URL が一つしか貼れないというのが、Facebook や

youtube、Twitter との大きな違いですね。

しかし、インスタグラムは世界観を伝えることが大切なので、その世界観を伝え URL に誘導をしましょう。

その文章のパターンもいくつか作りましょう。例えば、LINE@ ばかりに誘導をしようとすると、いいねが減ったりするので、売りが強い文章はよくないですね。

他にも怪しいビジネスの宣伝ばかりのインスタグラムなどの投稿ばかりだと、いいねも減りますし、よくありません。

> **＜嫌われるパターン＞**
> ・プロフィール URL が LINE@ の URL のみ
> ・プロフィールが自分の売り込みばかり

こういう人はまず、フォローしてくれませんし、登録もしてくれません。このような売り込みばかりのプロフィールでは、インスタグラムでも、いいねの数は稼げないです。

あとは画像に大きい文字ばかり入れて、セミナー誘導をしたりするのもおすすめはしないです。

◆文章誘導をしてコンテンツを販売する

コンテンツ探しは自分の趣味や本業に眠っています。

コンテンツと言われても、「わたしにはそんなものはない」と言われる方が、ほとんどかもしれません。

わたしは 2012 年から自分の主催するコミュニティで NTP

という塾を 7 年間も運営しています。

　わたし自身、NTP というコンテンツを持っていますが、はじめからコンテンツがあったわけではありません。会社を 2011 年 6 月に辞めたわけですから、何も自分にはなかったわけです。そんなわたしでもコンテンツ販売をしているのです。

　これは 26 歳でインターネットビジネスを始めて、毎日パソコンの前でネットビジネスの研究をしていたことがコンテンツの卵となりました。

　そして 27 歳で NTP を開始しました。そんな 1 年間でもコンテンツは作れてしまうものなのです。

　その中で「コンテンツを作る」大切さなども伝えています。例えば、あなたの趣味はなんですか??　と聞かれたときに、スポーツ、映画鑑賞、旅行でもなんでも良いと思います。

NTP で月 1 回の定例の勉強会の様子

　テニスが得意なら、1 時間コーチングで 5000 円体験など、なんでもはじめはやりやすいものを選びましょう。

　占いが得意なら、手相占い・タロット占いなどの占いメインのインスタグラムアカウントを作り、占いカウンセラーとしてデビューをする。

　人の話を聞くのが得意なら、カウンセラーで 30 分 3000 円など。占い、手相でもカウンセリングはできるでしょう。

　自分にもし何もないと思うのなら、これからコンテンツを作っていけば良いのです。

　いきなり、高額なものを売ろうとする人もいますが、ハードルが高いので、はじめは安くやっていきましょう。

　そういったこともコンテンツにすることが出来るのです。コンテンツ作成は特に大きな利益が狙えますので、がんばってみてください。

　コンテンツが出来たら、それを売らなければなりません。その販路に関しては第4章で詳しく説明をしていきたいと思います。

●コンテンツのリサーチはインフォトップなどで

　インフォトップという ASP を知っていますか??、インターネットビジネスをしている中で、知らない人はいないと言われています。

　たとえば、インフォトップで「占い」と検索をしてみてください。そうすると、次のページで、33件がランキング順に出てきます。なんと、1位の占いの教材は12800円もするのに、大人気です。

　インフォトップというと、「稼ぐ系」「恋愛系商材」など、考える人が意外と多いのです。しかし、そんなことはなく、下記

のような情報商材もあります。

・占い系・スポーツ系・ペット・子育

・教育・英語、外国語

本当になんでもありますね。

ですので、さきほどお話をした、コンテンツ探しは自分の趣味や本業に眠っている。というのは上記のような情報商材にも出来るのです。

もちろん、インフォトップだけではなく、いろいろな情報を提供している場はあります。それをめんどうくさがらずに、探していくことが大事ですよね。

今一度、自分をふりかえり、何か趣味・スポーツ、その他などでコンテンツに出来ないものがないか、探してみましょう。だいたいの人には何かしら得意な分野というものはあるはずです。それをいかすことがポイントになります。

あまり、思い浮かばないという人は、功を急がずに、地道にコツコツとわたしのように０から１を１年間かけてでも作りだしましょう。

それからでも十分に稼ぐことは可能です。

【雑談コーナー】

　第3章を読んでみて、インスタグラムは文章を誘導することが大切なのだという事を理解して頂けたかと思います。

　この章からコンテンツという言葉が出てきましたね。「わたしにはそんな才能はない」と思う方も多いかもしれないですが、なければ作るのです。

　普段、お会いする人で「何も趣味がない」「テレビもyoutube も観ない」そういう人もときおりいます。

　旅行が趣味の人は旅行ブログ、ピアノ好きならピアノ教室、わたしの中で思いついたコンテンツを以下に示しますね。

　コンテンツと言っても、最終的にはスクール業に持っていくように意識をしてください。そうしたら、月数千円の収入の比ではなく、月数十万円を稼げるでしょう。

・料理教室　　　　　・音楽教室

・スポーツ教室　　　・手芸教室

・恋愛教室　　　　　・結婚相談

・モテテクニックなど。　・ファッション教室

　と、様々に出てきます。

　コンテンツがない人は半年〜1年間かけて何か夢中になるものを探しましょう。そして、それをコンテンツ化していきましょう。

第３章　ポイントまとめ

1）インスタグラムはプロフィール URL がひとつ
　　そこにいかに集客するかが重要

2）コンテンツ販売ではインフォトップの
　　情報商材の ASP を活用する

3）ストーリーズ広告の URL で、自分の一番宣伝したい
　　ものを宣伝しよう

4）海外のハッシュタグを活用してフォロワーを一気に増やす

5）ハッシュタグテンプレートを 10 個以上用意、
　　キーワードは毎日、書き出す

6）キーワード取得ツールを利用して、ハッシュタグの
　　キーワードをどんどん見つけ出す

Instagram

第4章

月5万円
稼ぐ方法を
知りたい
ですか？

Instagram

第4章　チェックシート

＜この章で紹介される内容＞

□コンテンツが作成できたら、販売経路・集客を
　考えることの理解

□メディア事業　➡　インスタグラムで集客の理解

□インスタグラムのいいねのマネタイズ方法の理解

□SNS からの集客　➡　LP・対面での成約の三角の図の理解

□インスタグラムの投稿を Facebook で広告宣伝する
　ことの理解

□Amazon 転売・ヤフショ、ネットショップの方は、
　インスタグラムで集客できることの理解

□なぜ、インスタグラムをすると好感度が上がるのか

□スクール業は在宅でできる事の理解 (難しくはない)

□スカイプのテレビ電話の理解

（理解が出来たらチェックしてみよう！）

◆コンテンツ作成からインスタ販売経路

①インスタグラムで大きく稼ぐにはメディア事業をする

メディア事業とはなにか？　このメディア事業という言葉も初めてでてきましたね。

メディアというのは、テレビ・雑誌・などのイメージでしょうか。

次のページで、芸人の千鳥さんの公式インスタグラムを使い分かりやすくメディア事業について解説をしていきたいと思います。

第3章ではインスタグラムで月1000円〜1万円ほど稼ぐお話をしました。この章では5万円〜10万円稼ぐためのスキームをお伝えしていこうと思います。

しかし、この段階ですと、4000〜6000フォロワーは欲しいかもしれません。頑張っていきましょう。

フォロワーの増やし方に関しては第2章で詳しく解説をしましたので、参照してください。

インスタグラムというのは、何度も言いますが、プロフィールURLが一つしかないのと、文章誘導がキモになります。

それは常に頭に入れてインスタグラムを活用していきましょう。

芸能人なら、文章誘導で〇月〇日に放送されます。など宣伝をします。これも先ほどお話をした、「文章誘導」によって、告知ができます。

芸能人にとってのメディア事業は視聴率がギャラに影響をしていきますからね。実際に観てくれる人も多ければ、そのタレントのギャラも上がるかもしれません。

　わたしは芸人の千鳥さんが大好きなのですが、新番組の告知でも、文章誘導で視聴率を稼ぐことができます。この場合、プロフィール URL は関係なくて、テレビの宣伝・視聴率アップにつながります。

　つまり、インスタグラムで大きく稼ぐには、コンテンツやメディアを作り、それを投稿で宣伝していくことにより、大きな利益を得る事が出来るということになりますよね。

　この第 4 章ではそのメディアの作り方に関して自分メディアの作り方、後半ではスクール事業をメインにお話をしていきたいと思います。

②いいねをくれている人にアプローチをする

　右の写真はわたしの投稿です。"いいね"の数に関しては全然、大したことがありません。しかし、これで良いのです。

　これは Facebook でもそうなのですが、コンテンツを販売する場合は、自分の投稿に対して、いいねをしてくれている人にアプローチをしましょう。

＜自分のファンを大切にしましょう＞

自分の投稿に“いいね”をくれた人というのは、自分のファンと言っても良いです。この自分に、いいねをくれた人を大切にしていきましょう。

これがソーシャルメディアで成功するための、非常に重要なことなのです。

よくわたしに、「１投稿 400 〜 500 いいねが集まりましたが、１円も稼げていません。どうしたらいいですか？」 こんな質問を頂くことが多いです。

このような悩みを抱えている人は SNS 業界ではたくさんいます。わたしは、これを「いいね依存症」という病気にしています。もちろん、100、500、1000 いいねとつくのは嬉しいです。わたしも嬉しいです。インスタグラムでも 1000 〜 3000 いいねが集まってる人も多いですが、あまりマネタイズできていない人も、多いのではないでしょうか？

＜いいねからのマネタイズをまず考える＞

結論を言ってしまえば、“いいね”の数はそれほど重要ではないのです。ですので、Facebook でもインスタグラムでもわたしはそれほど、“いいね”の数は意識しないようにしています。

大切なのは、“いいね”をしてくれている人の「リストの質」ですね。そこに答えがあります。

※このリストの質が濃いか薄いかがとても重要です

さきほどのインスタグラムの投稿の場合、約 100 いいねがついているので、この約 100 人が「見込み客」とも言えます。

　この見込み客に対して、第 3 章で説明した、コンテンツ販売をしていくのですね。

　そうすると、大きな利益を得る事ができます。

③コンテンツ販売は最初は対面販売をしよう

　セールスの基本では、下記の公式を覚えましょう。これは売れる反応率を示しています。

> **対面 (1 対 1) >セミナー>ウェビナー (動画) > LP のみ (実績を見せる) >メールアプローチ (アポなど) >ソーシャルメディア (インスタ) 等で土台作り**

<対面販売に関して>

　対面というのは、喫茶店でも良いのですが、1 対 1 などで打ち合わせを表します。

<セミナー販売に関して>

　セミナーの主催者 1 人が、例えば約 20 人程度の参加者に向けて、講演でアプローチをする。

<ウェビナーに関して>

　ウェビナーというのは、WEB セミナーのようなものです。今は、FacebookLIVE などで簡単にウェビナーをすることも出来ますね。

< LP のみ>

　LP：ランディングページの略称です。

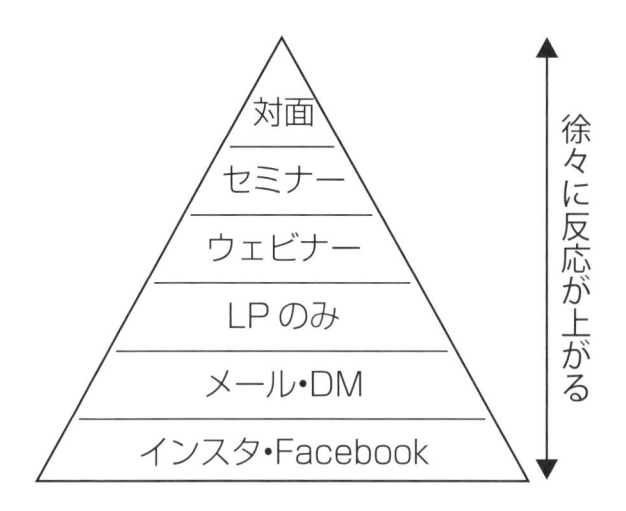

　この図を見ると対面が1位であり、一番反応が取れるとわかると思います。1対1で販売をする方がより売れやすいです。その代わり、レバレッジという面ではセミナーやウェビナーには劣ります。その場合、99人に対して、メッセージや投稿のコメントをしましょう。

　たとえば、インスタグラムで突然このようなダイレクトメッセージが来ることがあります。

　この場合送信者は、わたしのメルマガも読んでいますし、1冊目の本まで、読んで頂いています。

　こういうファンメールのような場合はとても大切にしています。ここまでメッセージが来た場合はこちらからもアプローチをしましょう。

③はじめは売れなくて当たり前

商品を販売していこうとするときに陥りやすいのが、

「自分はうまくいかない」と思ってしまい、単価を下げたり、行動をしない人です。

それで、周囲の目を気にしすぎて行動をしない、メッセージを送らないという事です。

実際、スパム電話やスパムメール、飛込営業が来ると、嫌がる人が９割でしょう。ただ、その人達を「すごいなぁ〜」「パワーがあるなぁ〜」と思える人は素晴らしいです。

もし、自分が飛込営業をする立場となったら、わたしには動けないです。

そういったのも、マーケティング視点で学んでいきましょう。

④インスタグラムから別の SNS に誘導をする

インスタグラム　➡　Facebook でやりとり。

インスタグラム　➡　LINE@ でやりとり。

インスタグラム　➡　電話・スカイプでやりとり。

インスタグラムの文章のやりとりで、インスタグラムからFacebook、LINE@ に誘導するような、コメントの文言をつけた方が良いです。

そうした方がインスタグラムのフォロワーも増えますし、Facebook、LINE@ の人数も増えてきます。

返信率としては、

インスタグラム＜ Facebook ＜ LINE@

　インスタグラムは世界観を楽しむイメージ、Facebook は公な情報を集めるイメージ。ですのでレスポンスの高さでいうと、Facebook の方が断然高いです。

◆インスタグラムの投稿を
　Facebook で宣伝しよう

　わたしはインスタグラムの投稿を、Facebook ページで宣伝をしています。

　毎日投稿を１日 150 円〜 200 円で Facebook ページに投稿したいのですが、それはスパム判定となりますので、止めましょう。

　普通に考えれば、インスタグラムの投稿が毎日、毎日、Facebook 広告で流れていたら、さすがに止められますね。

　ただ、アカウント停止になることはないです。なぜなら、Facebook の収入源は広告なのです。ですので、広告を出しているアカウントはむしろ重宝されるぐらいです。これは私の見解です。

　広告の出し方にはコツがあります。

　広告の出し方は 1000 円の予算で組んだ場合、それを５日で 1000 円の１日 200 円で設定しましょう。６日目にまた、別のインスタグラムの投稿を Facebook で宣伝する。次は 11 日目に。16 日目などにしましょう。

　そんな面倒なことはせずに 30 日× 200 円で 6000 円で回すのはどうですか？　そんな質問を頂くことがあります。

Facebook は投稿をした瞬間が最も反応があります。あと、4〜5日間掲載するというのは、データも取りやすいので、それぐらいが初心者の方はオススメという意味です。

こちらは、普段のインスタグラムの投稿をFacebook ページと連動して投稿をして、そのFacebook ページに 5 日間で 1000 円の広告をかけたものです。

すべてが終わったあとの結果が右の写真です。わずか 1000 円 (5 日間なので、1 日 200 円ほどです) で 6082 のリーチを獲得して、エンゲージメントは 1641 も得ています。

Facebook 広告はやり方次第で、非常に反応が取れます。まずは 1 日 150 円〜 200 円などでテストしていきましょう。

◆ Amazon やネットショップの 集客をインスタで行う

インターネットのオークションなどを利用したことがある人は多いと思います。わたしはメルカリで物を購入したり、ヤフオクが出始めのころは度々利用していました。

昔はメールのやりとりの往復で時間がかかったりしましたが、現在はボタンワンクリックで配送して自宅に届きます。

　本当に便利な時代になりました。今回、話す内容は下記に該当する方は非常に得をする話であり、重要な話になります。

●企業 HP、ネットショップ、自社商品をインスタ集客

- ・企業の方は自社 HP を宣伝できます。
- ・企業で商品を持たれている方
- ・Amazon 輸入・転売をされている方
- ・楽天、ヤフーショッピング
- ・メルカリ、ヤフーオークション
- ・他ネットショッピングサイト

　現在、日本ではどれだけの企業があるのでしょうか？　日本の大企業・中小企業数は約 420 万社と言われています。今はその企業ほとんどにインスタグラムをやってほしいと言いたいです。この本はその企業のための本と言っても良いです。

●企業集客のインスタグラムのアカウント

　今までも第 1 章・第 2 章でも企業のアカウントをご紹介をしてきましたね。LEGO、NIKE などがありましたね。
　結論から言ってしまえば、その企業と同じような投稿をしていって、自社の企業ブランドの世界観を伝えれば良いのです。

※インスタグラムをやっている企業は好感度が高い

　企業ブランドにとって、「好感度が高い」という言葉は嬉しくはないでしょうか？

わたしも会社を経営しておりますが、周りから「あなたの会社は好感度がとても高いですね」と、言われたら嬉しいですし、業績アップにもつながります。

※なぜ、インスタグラムをやっていると好感度は高いのか？

これは第7章の一番最後でも触れるのですが、インスタグラムは穏やかなSNSであります。インスタグラム内でのシェアはあまりないので、炎上などもしづらいです。

企業ブランドの価値を上げる・保っていく中で、「炎上」の2文字はいらないですよね。

炎上マーケティングという言葉もありますが、やはり、リスクはなるべく避けていきたいですよね。

インスタグラムの好感度が高い理由は、それは周りの投稿者にもあると思います。

インスタグラムを見ていると癒される、楽しい、落ち着く、そのような周りの投稿の影響も自分の投稿に紐づき、好感度の上昇につながっているとわたしは思います。

わたしもインスタグラムをやっています。自分でいうのもおかしい話ですが、インスタグラムで1万フォロワーと、どんどんフォロワーが増えていき、好感度が上がったようにも感じます。

わたしは、実際に現役インスタグラマーの多田れいかさんと松田シオンさんに、インスタグラムの可能性についてインタビューしてみました。お二人とも非常に好感度が高い方で、そのインタビューをした結果、次のような方程式がわかりました。

＜企業ブランド価値を高めるためのステップ＞

> **インスタグラムをやる➡好感度が上がる➡**
> **企業ブランド価値が上がる➡企業の業績が自然と上がる**

　これはわたしが考えた方程式ですが、かなり当てはまると思いますので、ぜひ参考にしてみてください。

　そうすると、キャラクタービジネスの人はコンサルティングやスクール業の売上も上がります。

> **インスタグラムを開設➡やがて好感度が上がる➡**
> **コンサルティングやスクール業の売上も自然と上がる**

●ネットショップでのインスタグラムのアカウント

　わたしの周りでもヤフオクやメルカリ、Amazon、楽天ショッピング、ヤフーショッピングを販売ツールとして利用している人が多いです。

　利用している人も多いですが、販売業者仲間も多いです。カメラ転売でヤフオクをする人、せどりでAmazon転売をする人など多数いらっしゃいます。

　＜ Amazon トップ画面＞　https://www.amazon.co.jp/

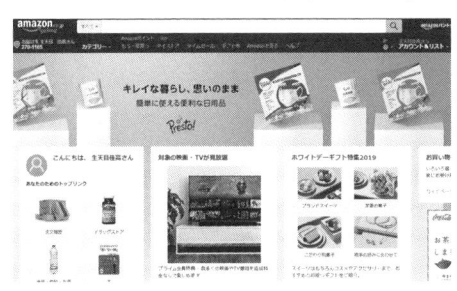

　この本を読まれているあなたも、Amazon、楽天、他のネットショップなどなにかしらを利用しているのではないでしょうか？

さすがに Amazon を利用したことがない人はほとんどいないと思われます。

　実を言いますと、わたしは会社を 2019 年 4 月の時点で 6 期目で輸入会社を経営しています。海外から商品を輸入して、Amazon、ヤフーショッピングなどでネットショップを展開しています。

　このネットショップもインスタグラムアカウントを作り、日々、商品を紹介しております。

　それにより、実際売上も増えました。つまり、店舗、企業、ネットショップ、それらにおいてもこの本書は役に立ちます。集客、売上の部分できっと貢献するでしょう。

　会社ではスタッフがいまして、ショップとしては Amazon4 店舗、ヤフーショッピング 3 店舗と 7 店舗を経営しています。

　最近では Amazon やネットショップもソーシャルからアクセスを呼び込めた方がアカウントの質も高まるようです。

　これは弊社のソーシャルメディア部で、実際にインスタグラムで投稿一覧ページを表しているときのようです。

　並び順で注意をするときは、3 枚コスプレ系が続いたら、次の 3 枚は雑貨系、次の 3 枚は季節ものなどに世界観を見せるように意識してインスタグラムを投稿しています。

　バラバラな投稿になりすぎると、いいね数の低下やフォロワーがなかなか増えないというのもあるので、注意しましょう。

　Amazon・ヤフーショッピングで出している商品をインスタグラムで掲載をしています。実際のそこからのアクセスの流入や、商品が売れることも多いです。

　左は弊社の店舗の、実際の投稿写真です。ここの投稿のポイントとしては、絵文字を活用して、楽しく投稿をしています。また、Amazon で○○とお店の名前を検索してください。と誘導しています。

　企業 HP 集客、自社商品集客の話をしましたが、企業の方はホームページを○○で検索や、自社商品なら検索エンジンで○○と検索してみてください。など文章で誘導をして、アクセスを高めていきましょう。

※名称をコメント欄で誘導するのが非常にポイントです。

　こうすることにより、いちいちプロフィール URL に飛ばなくても、Amazon や Google 等で検索をしてくれれば、ホームページやショップにたどり着きます。

　商品にもたどりつくので、結果的に商品も売れていきます。

　上記の女性のワンピースの商品画像の紹介はすべて、わたしが作成したものです。

　今では弊社のネットショップの専門のソーシャルメディア事業部が出来ました。そちらで、弊社のスタッフが投稿をしています。

また、アカウントの質を高めるために、下記のようなルールを設けて取り組んでいます。

> ・1日30人フォロワー
> ・自分の投稿にいいねしてくれた人のアカウントのフォロワーをフォローする。
> ・1000フォロワー以上のアカウントの人にいいね、コメントを1回する。
> ・5000フォロワー以上のアカウントを見つけたら、いいね、コメントは2回ずつする。

　上記のルールは、第2章で詳しく説明をしましたので、そちらを参考にご覧ください。

　よく、インスタグラムからのAmazon・他ネットショップの売上はどれぐらい、何％上がりましたか？　と聞かれることがあります。

　今の現段階では詳細には分かりませんが、感覚的にはAmazon・ネットショップの売上はインスタグラム経由から順調に上がっていると、とても感じています。インスタグラムは女性ユーザーが多いので、売上に影響はありますね。

◆スクール業で稼ぎましょう

　はじめに話しますとスクール業はとても儲かります。テレビでも、自分で本を出し自らのスクール・教室を出している人も多いです。

　もちろん単価にもよります。月5000円の会費30人なら

月 15 万円の副業収入になりますね。

　スクール業と言っても、スカイプのテレビ電話で在宅のみで行うこともできるので、主婦の方でも可能です。そのスカイプに関しても後ほど、この項目でご説明致します。

　スクール業の中で最も大切なことはコンテンツの作成です。これは第３章でも、非常に重要だと説明を致しました。

第３章 ➡ コンテンツ作成について

第４章 ➡ コンテンツの販売集客に関して

　コンテンツ販売というのは、利益率 100% のビジネスであり即金性の高いので、絶対に身に着けたいビジネスなのです。

　また、第３章の雑談コーナーでは、

「コンテンツ ➡ スクール業 (○○教室) などにシフトしていきましょう。」

　という話をしました。教室を開くと言っても、実際にお会いするだけが教室ではないです。

＜スクール業はオンライン (ネット＝在宅) でも完結＞

　スクールと言うと、例えば、料理教室なら ABC クッキングのように、実際にその料理教室の場所に行って、みんなで料理を楽しむ。そんなイメージをされる方が多いのではないでしょうか？　そんなことはありません。

●スクール業はスカイプを活用する

いまはスカイプという便利なテレビ電話があります。

スカイプという言葉を初めて聞く人も多いかもしれません。スカイプとは簡単に説明すれば、無料のテレビ電話です。スカイプはスマホのアプリでもありますが、パソコンでインストールをするようにしてください。

＜スカイプの画面共有機能でどこの方でも教えれらる＞

まずは、インストールしましょう。「スカイプ for desktop」と Google なりで検索してください。そうするとパソコン用のスカイプを簡単にダウンロードすることが出来ます。

遠方の生徒さんに教えるためには、画面共有を使う必要があります。毎回会いに行くのは厳しいですからね。

以前、沖縄、北海道や広島、大阪に生徒がいたことがありますが、一度も会うことなく、月１回のコンサルティングをこなすことができました。

左の画面はスカイプの公式サイトより、抜粋したものです。スカイプの画面共有では、自分の作業画面

https://www.skype.com/ja/features/screen-sharing/

を相手に見せることが出来ます。

反対に相手の作業画面を、こちらで確認することが出来ます。ですので、この機能があることにより、遠方でもスクール業やコンサルティング業務ができるのですね。

今の時代、一度も会わないでもネットのみで完結してコンサルティングをすることが出来るのです。

【雑談コーナー】

　第２章のアンフォローのやり方も私の中では本書で非常に伝えたかった部分です。

　フォローできる数にはリミットの 7500 というのがあるというのを、絶対に忘れないでください。その全てがフォローしてくれるわけではないことも意識付けしてくださいね。

　このアンフォローをきっちりやるかどうかで、フォロワー数の１万の壁を越えるかどうかが決まります。

　ただ、漠然とフォローをするだけでなく、しっかり見極めてアンフォローをするのを忘れないでくださいね。

　またこの第４章の Amazon・ネットショップのインスタ集客。日本の 420 万社の企業のためのインスタ集客。これも、わたしの中で本書で伝えたかった内容です。

　インスタグラムをやるだけで好感度があがるんですよ？そんな馬鹿なと思うかもしれませんが、ふと思い返すとそんな気もしませんか？

　テレビのスポンサーで数十秒で数百万円の広告費を使うことよりも、無料で半永久的に残り続ける＆好感度も上がるインスタグラムの方が良いとは思いませんか？

　これは何も大企業の限ったことではありません。むしろ、街の商店やカフェ、ショップから、独創性溢れる、中小企業の皆様こそが取り組んでいただきたいことなのです。

第4章　ポイントまとめ

1）メディアがあれば、インスタグラムで売上倍増！

2）商品があっても集客が出来なければ売れない

3）好感度が上がるインスタグラムはすぐに
　　企業・個人は取り組むべし

4）ネットショップの集客でインスタグラムは
　　重要な役割となる

5）ネットショップの商品をインスタグラムでの
　　商品紹介ページを理解できた

6）在宅でスクール業をして稼いでいくと月数十万円を稼げる

7）無料のスカイプテレビ電話をビジネスに活かしましょう！

月15万円
稼ぐのは
難しくない

第5章　チェックシート

＜この章で紹介される内容＞

□キャスティング会社の登録ができた

□5000 フォロワーを達成し、SPRIT を登録できた。

□インスタグラムのツール・システムの根本的な理解

□システム開発のメリットの理解

□システム開発のデメリットの理解

□インスタグラムのリストマーケティングの理解

□オンラインサロンを理解できた。

□様々なオンラインサロンがあることの理解

□インスタコンサルタントって何？

（理解が出来たらチェックしてみよう！）

◆キャスティング会社に登録する

　第 2 章でフォロワーを増やすノウハウやそのためのマインドセットなどお話をしましたね。

　それで、フォロワーが 3000、5000 と増えた人は、ぜひインフルエンサー登録をしてみましょう。

　あなたがインフルエンサーとなり、キャスティング会社から依頼され、お仕事をこなしていくのです。

＜キャスティング会社とは？＞

　芸能事務所のようなイメージでしょうか。モデルやタレントを手配する会社のことをキャスティング会社と言いますね。

　インスタグラムではキャスティング会社にインフルエンサー登録をします。

　その後、キャスティング会社の審査に合格すると、案件やお仕事をもらえることが出来ます。

　誰でも審査に合格するわけではありません。きちんとアカウントの質を高め、フォロワーの人数も多くないといけません。

　お仕事を貰うために、まずはインフルエンサーとしてキャスティング会社に登録の手続きを行いましょう。

　【SPRIT】　https://www.spirit-japan.com/

　この SPRIT もキャスティング会社の 1 つです。SNS で影響力を持つインフルエンサーと、企業で商品やサービスを PRしたいマッチングのプラットフォームです。

SPRIT はフォロワーが最低 3000 フォロワー以上ないと、インフルエンサー審査に合格しないので、まず最低は 5000 フォロワーを目指しましょう。

わたしの場合は 1 万フォロワーを超えていたので、SPRIT の審査に合格しています。

SPRIT の審査に合格すると、定期的にメールが来ます。「○○のイベントがあるのですが、参加されませんか?」

そのイベントに参加して、画像の投稿や指定されたハッシュタグで投稿をすると、1 投稿 1 万円のお仕事から、2 万円以上の報酬のお仕事もございます。

また案件に関しては女性向けが多いです。ですので、「女性はインスタグラマーでは稼げる」という理論が成り立つのですね。

【expaus】 https://expaus.in/jp

次にご紹介をするのは、expaus というインフルエンサーのプラットフォームです。ジャンルとしては、飲食も扱っているようなので、わたしのインスタグラムでも活用しています。

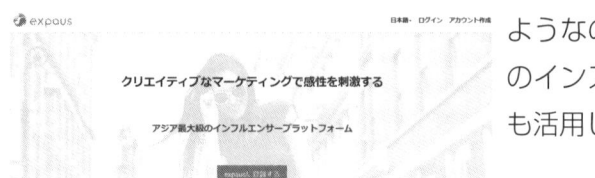

【foodicle（フーディクル）】

https://foodicle.edgeneer.com/

フーディクルは食のインフルエンサー専門のプラットフォームですね。

わたしもそうですが、グルメ系の投稿をする人は多いので、登録をしておくことをオススメします。

【lesolam / 株式会社レゾラム】 http://lesolam.com/

20 代の女性を中心とした強力なインスタグラマーが多数、在籍しております。

なんと、合計フォロワーは 1200 万以上。レゾラムではフォロワー数 32 万を超える美女美容事情【ビジョビ】のアカウントを運営しています。

【ROOSTER ルースター】

https://myrooster.net/client/

ROOSTER の利用社数の企業は 400 社以上あります。ROOSTER では、企業が「これだ！」というものを宣伝・依頼したいインスタグラマーを瞬時に検索できます。

プラットフォームであり、インスタグラマーの検索から、発注、投稿管理、効果測定まで、すべて ROOSTER 内で完結することが出来ます。

◆キャスティングサービスを
　　逆に活用し集客

　キャスティングサービスを逆に活用する場合というのは、自分から○○を宣伝してほしいと、逆にインフルエンサーにお願いをする場合ですね。これも全ての企業の集客にキャスティングサービスは活用できます。

　例えば、【expaus】では、インフルエンサーを直接やりとりが可能です。また、それ以外のキャスティング会社でも、逆活用はできます。

　※逆活用とは自分が集客を依頼したい方に回り、キャスティング会社にお願いすることも出来ますね。

　では、どのような人がインスタグラムの逆活用をした方が良いのか？

- 飲食、不動産、ジャンル問わず、集客に悩んでいる個人事業主
- Amazon・楽天・ヤフー、ネットショップの集客で悩んでいる
- 低コストでインスタグラマーに宣伝をお願いしたい
- セミナー集客、イベントの集客、企業のプロモーション宣伝
- アーティストならライブチケットの宣伝
- 著者なら本の宣伝、舞台チケットの販促

　正直、考えればきりがないですが、いろいろな事をインスタグラマーに集客でお願いできるのです。

　もちろん、そのキャスティング会社により、請け負える仕事とそうでない仕事で審査はあると思います。

　ですので、圧倒的な低コストでインフルエンサーに仕事を依頼することができます。

　第 4 章で集客に悩んでいる企業は多いから、「いますぐインスタグラムを始めましょう」と解説をしました。

　これはその応用でお金や費用をかけたい企業におすすめです。どのような企業がオススメかと言いますと下記の企業です。

- 企業がメーカーである (自動車販売、商品を開発
  しているが、集客、営業に悩んでいる)
- 企業が商品を持っているが集客のやり方が
  分からない (例、健康食品など)
- 企業がブランドを持っている。(シャネル、
  グッチのように、その名前やブランドを
  世にひろめたい会社)
- youtuber も参入できる !?(自分の○○
  チャンネルの登録をキャスティングサービスで
  インスタグラマーにお願いをする)

　このような企業は多いと思います。ですので、キャスティングサービスを活用しましょう。そして、インスタグラマーに自社の商品を紹介してもらいましょう。

＜ステップフローを再確認＞

集客に悩む➡キャスティング会社に企業として登録➡
インスタグラマーに企業の商品（健康食品など）や
ブランドを紹介して集客する

◆インスタグラムのツールや
　システムを自分で開発

　実際のインスタグラムでもツールやシステムを作成して、そ
れで収入を得ている人、企業もいらっしゃいます。

●実際のシステムツールに関してご紹介

　自動投稿ツールやフォロワーを増やすツールなど、様々な
ツールが開発されています。実際に自分がシステムを提供する
側になれれば、それがひとつの権利収入のように、毎月収入と
なってきます。システムを作成すると考えると、下記のような
質問や考えが浮かんでくる方もいらっしゃると思います。

・そのようなツールなんて開発できるの？
・わたしには、とうてい無理に決まっている
・どうせ、お金も莫大にかかるんでしょ？
・わたしには HTML や、プログラミングの知識もない
・どこで、どのようにシステムを作ったらよいか？

　わたしの知り合いの社長は HTML も分からない、パソコンのド素人でした。それでもシステムは分かる人にお願いをすれば良いといつも話していました。それで、その方はいまでは年商数十億円の社長として、今も敏腕に活動されています。

＜どのようなツールがあるのか理解する＞
【ハッシュライクス】　https://hashlikes.jp/
　こちらはハッシュライクスというインスタグラムのフォロワーを増やすツールです。わたしの友人も利用していて、かなり効果があったと評判がとても良いです。

　この本ではツールは使わないで、無料でフォロワーを増やして、稼いでいくことを中心に話してきました。

　実際にはわたしの周りではツールを使い、フォロワーを３万、５万と増やしているインスタグラマーもいます。

　芸能のオーディションだと、インスタグラムのフォロワーの数が３万人以上じゃないと、合格しないとか、そういう基準もあるようです。

● HTML なんて分からなくて良いのです

わたしも HTML やプログラミングの知識はまったくありません。たとえば、ブログを書くでもいまはアメブロ、ライブドアなど、HTML が分からなくても、誰でも気軽にブログを始められます。システムもそのようなイメージを持って取り組んでいきましょう。

●システム会社に依頼してみる
【ランサーズ】

https://www.lancers.jp/work/search/system

日本最大級のシステム開発の仕事を依頼できるサイト、ランサーズです。

リーズナブルにシステム開発を依頼したいなら、ランサーズがおすすめです。

インスタグラムのシステム以外でも様々なシステムをランサーズで依頼できます。

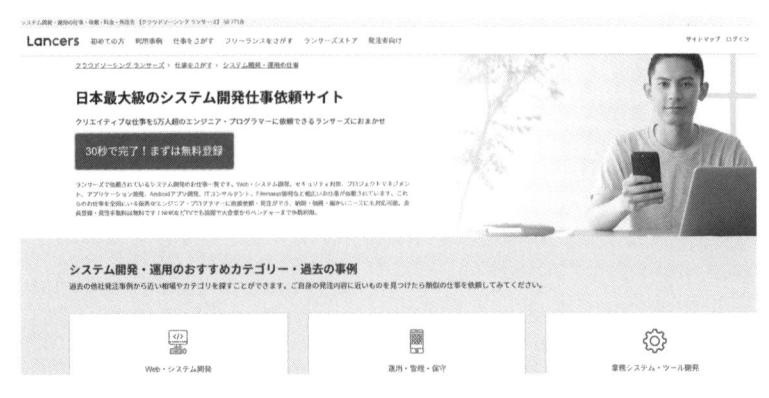

システム開発のメリット、デメリットは…

＜メリット＞

・自分だけの定期的な収入となっていく
・自分のインスタグラムのフォロワーを増やせる
　（インスタグラムのシステムを開発した場合）
・自分の業務を効率化できる
・そのシステムを他社・他人に販売できる
　（アフィリエイトしてもらうなど）
・権利収入のようになっていく

＜デメリット＞

・初期費用がかかってしまう
・システムを維持するためのランニングコストがかかる
・SNS が使用変更をしたら、それに対しての改善費用
　もかかります。（この仕様変更が度々生じると、費用
　はかなりかかるようです）
・より良いシステムを作るには、プラグラマーを雇う
　必要もある
・システムを作ったのは良いが、どのように集客を
　したら良いかが分からない（これは多い質問ですね）

◆インスタグラムで　リストマーケティングをしよう

　リストマーケティングとは、メルマガのリスト、LINE@ のリストを集めるためのマーケティングですね。

　メルマガの場合はメールアドレス、LINE@ の場合は LINE の個々のアカウントですね。

① LINE@ をかなり意識して行動をする

　LINE@ やメルマガのリストを集めましょう。とくに LINE@ は意識した方が良いです。第 1 章でもお話をしましたが、LINE のユーザー数は国内で 7000 万人を超えているのです。

　ほぼ日本人の半分以上が LINE を活用しているのです。LINE@ は無料で 1000 通まで月に配信が出来ます。

　それ以降はベーシックプラン、プロプランと料金プランがありますので、ご覧ください。

　LINE@ は今後、値段も上がるとも言われておりますので、メルマガと連携することが大切です。

　わたしの周りの経営者でも、LINE@ の人数が 2 万人を超えた、4 万人を超えたという方も多いです。

②メディアサイト専用の LINE@ を作っても良いぐらい

　LINE@ 専用のランディングページを作っても良いですし、それ専用のチラシを作成しても良いぐらいです。

　わたしの場合はポストカードを作成して、それをパーティーで出会った人に渡したりしています。

　LINE@ は迷惑メールにいくことがないので、到達率がもの

すごく高いです。コンテンツ販売、スクール業、コンサルティング販売では、LINE@ を非常に重宝されている方が多いです。

◆自分だけのオンラインサロンを持つ

●オンラインサロンとは？

インスタグラムで自分のオンラインサロンを宣伝しましょう。インスタグラム→オンラインサロンへの集客が良いですね。

オンラインサロンという言葉が流行り始めたのは、2018 年、2019 年頃からですね。

そもそもオンラインサロンとは、月額会費制の Web 上で展開されるクローズドコミュニティの総称です。

2012 ～ 18 年までは、「お金で稼ぐコミュニティ」や「恋愛コミュニティ」など商材・スクール・コンサルティングと流行りました。

今の時代は、そこまで、「お金、お金」と強いニュアンスは若干否定されるようにもなりましたね。

「1 日 10 分で月収 200 万円。寝ている間にお金がチャリンチャリンの魔法の貯金箱」今となっては、笑ってしまいます。しかし、その 2014 ～ 17 年の情報商材が荒れていた時期はそういう詐欺的なキャッチコピーが多かったです。

●オンラインサロンは情報商材と何が違うのか？

仲間・信頼・熱意・熱いもの・居場所・楽しみ・趣味・クリエイティブな人達が集まったら、どんなことが起こるのか？

今までのお金を稼ぐというよりかは、仲間意識・生きがいのようなニュアンスが強いですね。

【CAMPFIRE ファンクラブ】 https://camp-fire.jp/

こちらでは、オンラインサロンの集客の手伝いなどをしてくれます。「いますぐ開設する」を選択すれば、ファンクラブを作れます。説明会も行われているようです。

●オンラインサロンの成功事例としては？

　箕輪厚介さんをご存知でしょうか？　テレビ番組、講演会などで、とても有名な方ですね。

　テレビ番組で箕輪さんが登場されていました。副業月収で 600 〜 1000 万円をオンラインサロンなども通して、稼がれていることを知り、とても勉強になりました。

　箕輪編集室が、オンラインサロンで約 1000 人ほどのファンがいらっしゃいます。

＜箕輪編集室＞

https://camp-fire.jp/projects/view/34264

●自分の趣味がオンラインサロンとなる!?

オンラインサロンはまだまだこれからの時代、稼ぐチャンスがあると感じています。

- 読書好きなら読書オンラインサロン
- カフェ巡りが好きなら、カフェオンラインサロン
- ゲーム好きならゲームオンラインサロン
- 音楽好きなら、音楽オンラインサロン
- 恋愛が好きなら恋愛オンラインサロン
- 婚活メインなら婚活オンラインサロン

考えれば、どんどん浮かびますが、そうすると次のような質問を受けます。

「そんなものにお金を払う人がいるのか？」
「そんなものを作っても無駄ではないか？」
「わたしの商品を購入してくれる人は一人もいない」
「はじめるのが面倒くさい」
「何から始めたらよいか分からない」
そのような質問を受ける事もあります

さて、次のページでは、マインドセット的な部分、マーケティングも含まれていますが、とても大切なことなので、四角で囲みました。これを意識するとしないとでは、かなり違ってきますので、ぜひ覚えておいてください。

> ・月 1000 円のオンラインサロンを高いと思う人も
> いれば、月 20 万円のコンサルティングを安いと
> 感じる個人や企業もいるのです。
> ・もしどうしても営業が苦手なら、営業代行をしている
> フリーランス・企業に成果報酬でお願いをすることも
> 出来ます。

　今回の第 5 章では月 15 万円を稼ぐことがテーマです。オンラインサロンなら**月 5000 円の自分のファンを 30 名集客できれば、15 万円は稼げます**ね。まずは副業収入 10 万円を目指して、単価設定・集客をしていきましょう。

◆この本を片手にインスタ コンサルティングをする

　これまで第 1 〜 5 章までインスタグラムで収益を出し、成功するためのノウハウやマインドに関してお話をしてきました。第 6 章に関してはインスタグラムの裏技集・裏技テクニックなどを公開していきます。
　もう、この第 5 章までじっくり読みチェックシート項目、重要ポイントも理解できたあなたは、インスタコンサルタントなのです。
　資格のように、「インスタコンサルタント 1 級、2 級、3 級」

などあったらもっと面白いですよね。

　残念ながら、現代ではそのインスタコンサルタント何級のような資格はないようですね。もしかしたら、今後、出来るかもしれません（笑）

＜今日からあなたがインスタコンサルタントになる＞

　インスタコンサルタントになれば、このインスタグラムで稼ぐという意味では完璧と言えるかもしれません。

　やはり、利益率 100％ のコンサルティング収入にかなうものはありません。今までもコンテンツ販売・スクール事業をしようなど、お話をしていきました。

　それで儲けが出る人は、それにフォーカスをして稼いでください。

●インスタグラムコンサルティングとは？

　驚くべきことは、現在、インスタグラムのコンサルティング会社は何社も存在しています。

　アカウントの企画➡開設から運用代行までする会社もあるぐらいです。

　この本で話してきたことを企業や個人相手にコンサルティングしてみましょう。

　１、ただ、フォロワーだけを増やす代行コンサルタント

　２、アカウントの企画から投稿まで代行するコンサルタント

　３、実際にある投稿アカウントのアドバイス　5000 円〜１万円 /60 分 など価格設定をする。

自分がコンサルタントとなった場合、契約で月に1社、2社をとれるようにしましょう。オンラインサロンはリーズナブルなイメージであり、コンサルティングは少し単価を上げましょう。

　コンサルティングなら、月5万円で2社で月10万円の副業収入でも良いと思います。

オンラインサロン　➡　フロント
コンサルティング　➡　バックエンド

　このような販売集客ステップでも良いと思います。オンラインサロンをフロントで完全に持ってくるなら、月500円〜1000円で超リーズナブルで人数を増やした方が良いですね。

　AIで運用を支援するInstagram コンサルティング
【スターティアラボ株式会社】
https://insta.mtame.co.jp/#lp3
　インスタグラムのコンサルティングをしている会社はたくさんあります。上記のスターティアラボ株式会社もそのひとつです。

【雑談コーナー】

　第5章で最も伝えたかったのは、キャスティング会社を利用することにより、集客が出来るという事です。「集客」この二文字に悩まされる企業は多いかと思います。それを解決してくれるのがキャスティング会社なのです。

　いま、あなたが商品を持っているメーカーの企業の社員であり集客に悩み、業績が低迷しているのでしたら、一刻も早くキャスティング会社への登録を勧めてあげましょう。

　Amazon・ヤフー・楽天、他のネットショップでもキャスティング会社を利用して、商品を紹介してもらえるのは、凄いことだと思いませんか？

　メルマガは迷惑メールにいきますが、LINE@やインスタグラムの投稿に迷惑メールはありません。ですので、インスタグラムのキャスティング集客は、今後はチャンスがあるとわたしは思います。

　インスタコンサルタントという言葉はわたしが作りましたが、名刺の肩書に入れてみるのも、また面白いと思います。SNSコンサルタントと名乗る人は多いですよね笑。

　それですと、差別化が出来ませんので、インスタコンサルタントというキーワードはこれから増えてくると、わたしは思っています。

第5章　ポイントまとめ

1）自分がインフルエンサーとなり、収入を得ていく重要性

2）キャスティング会社の審査に合格をし、仕事をもらう

3）集客をお願いするのに、逆にキャスティング会社を
　利用することも出来る

4）インスタグラムとシステム事業を合わせて収入を得ていく

5）インスタグラムでメルマガ、LINE@ の
　リストマーケティングをマスターする

6）自分だけのオンラインサロンで稼ぐことも大切だが、
　仲間との相乗効果をオンラインサロンで結果を出す

7）今日からあなたがインスタコンサルタントとして、
　デビューをする

インスタグラム
裏技集

Instagram

第6章　チェックシート

＜この章で紹介される内容＞

□インスタグラムのフォロワーを増やすツールの理解

□インスタキングの無料お試しダウンロードしてみた

□インスタグラムの代行会社の活用方法の理解

□スターバックスのインスタグラムのアカウントで勉強する

□Facebook のイベントや様々なイベントに参加する

□東京ビッグサイト等の大型イベントに参加してネタ探し

□ジモティーってそもそも何？

□食べログとはグルメの SNS であることを理解できた

（理解が出来たらチェックしてみよう！）

Instagram

裏技をあますところなく公開！

　この章では裏技集ということで、インスタグラムでより成功していくための補足情報を含めて公開をしていきます。

　ツールを活用したり、イベントに参加したり、食べログを活用するノウハウなどお話致します。

　食べログがなぜ、インスタグラムの集客に活用できるかものちほど、ご説明致します。

◆インスタグラムのツールは使える!?

　なかなかフォロワーが増えないという人はインスタグラムのツールも活用してみるのもオススメです。

　第3章でインフォトップさんをご紹介致しました。ここで

もインスタグラムの教材・ツールはご紹介されています。

　左の写真はインフォトップでのインスタグラムのツールの人気ランキングです。1位のオタケンさんの教材は、わたしもよく購入していましたので、オススメです。

2 位のインスタキングも有名ですよね。

　アメーバキングというのをご存知ですか？アメブロの姉妹ソフトのようです。アメーバキングは、わたしの起業家の周りでも活用している人が多く、1 万人以上が利用もしているのです。月額 2980 円から利用できるアクセスアップツールです。

　ただ、アメブロはわたしは過去、150 記事ほど書いていたのですが、いきなりわたしのアメブロサイトが消えました（笑。

　その時は、かなりショックだったので、今はワードプレスで記事を書いています。

　それでもアメーバキングの実績は非常に高いので、インスタキングも信頼は高いと思います。

　費用に関しても月額 2980 円と、とてもリーズナブルなのが、特徴ですね。

【インスタキングインフォトップ】

http://instaking.jp/?id=infotop

　体験版もあるようなので、ダウンロードをして試してみましょう。

●ツールを使うのは1万フォロワーを超えてからにする

はじめからツールに頼るのは、やめましょう。まずは第2章でお話をした、テクニックでフォロワーを増やしていきましょう。

これは自然な流れなのですが、1万フォロワーを超えるとアンフォローされる頻度も多くなります。フォローしてもアンフォローをされ、差し引き0、もしくはマイナスになってしまい、なかなかフォロワーが増えないという声を聴きます。

1万フォロワーの壁で悩むインスタグラマーが多いみたいですね。その壁を越えるには、いかにフォロワーを楽しませる投稿をするのが重要だと考えます。

シンプルに考えれば、1万フォロワーがいるということは、毎回1万人の人にあなたの投稿が見られるわけですから。そう考えると、投稿も緊張してしまいますよね。

◆インスタグラムの代行会社もある

インスタグラム代行会社で、運営、フォローをしてくれる代行の会社もあります。ただ、費用ももちろんかかります。おそらく数万円以上はするでしょう。

＜インスタグラムの代行丸投げはやめましょう＞

いきなり全ておまかせは絶対にやめましょう。完全に丸投げにしてしまうと、自分でインスタグラムという知識を得られなくなってしまいます。

いざという時に対応ができなくなりますので、まず自分で考え、知識を得てから、丸投げできる部分は丸投げしましょう。

先ほどのツールのインスタキングで月額 2980 円ならまだ安いと思います。ツールを活用する場合は、自分で知識を得て自分で取り組んでいるので、問題はないです。

＜インスタグラム代行会社のよりよい使い方＞
① 5000 フォロワーまでなど数字を決める

はじめの出だしだけ、運用代行会社を活用するのが正しい使い方でしょう。その理由としては、スタートを間違えないためです。

あとは、現在 2000 フォロワーの人は 1 万フォロワーまでお願いしてみるなど。期間と目標設定を行いましょう。

最初の企画、スタートが間違ってしまうと、全てが崩れてしまいます。そのスタートの根本がずれた時点で投稿をしたり、フォロワーを増やしたりするのも、アカウントの運用が難しくなってしまいます。

代行会社を使いすぎると麻薬のように麻痺してきます。お金で苦労を解決するわけですから、楽に目標の数字に到達してしまうと、ズルズルと止められず続けてしまいます。

そうならないためにも、しっかりとした目標を立てて代行会社を利用することをおススメします。

ですので、ポイントは、依頼するのであれば、はじめの段階で、アカウント開設の企画から運用代行会社にお願いをしてみるのが、オススメですね。

②インスタグラム運用代行は企業はすぐに参入するべき

わたしがいつもモデリングしている企業でスターバックスさんがあります。

スターバックスの会社自体はテレビ CM をしません。値段も下げません。

これだけのブランド価値を保てているのは、ツイッター、インスタグラム、他の SNS での配信がしっかりと出来ているからです。

ですので、まだインスタグラムに参入をしていない企業は、いっこくも早くインスタグラムに参入すべきなのです。

その場合は先ほどのスターバックスのように企業のアカウントを作成します。

そのアカウントを運用していきましょう。もし、運用の仕方が分かれなければ、インスタグラムの代行会社にお願いをしましょう。

その場合は、アカウント開設から方向性、戦略などすべてを決めてもらいましょう。

③インスタグラム運用代行会社をご紹介

【テテマーチ】 https://tetemarche.co.jp/

＜特徴＞

・投稿代行、分析レポート作成

・投稿素材写真の作成、

・課題、問題を抽出したインスタグラム運用の改善

【ディレクターバンク】

https://www.directorbank.co.jp/webtanassist/instagram

＜特徴＞

・投稿代行、炎上対策

・インフルエンサー起用代行

・ハッシュタグ設計支援

・キャンペーンの運用支援

◆インスタグラムのイベントで勉強

さまざまなイベントに参加して、インスタ映えするヒントを探しましょう。

① Facebook のイベントをチェックする

Facebook のイベント機能を活用することも大切です。そのためには、Facebook の友達は最低 1000 人以上は欲しいです。そうすると、Facebook のイベントに招待されます。

わたしは Facebook の友達が約 3500 人います。そうすると、いろいろなイベントから招待が来ます。そういったものも参加しましょう。2011 年など起業して独立した当初はよく Facebook のイベントに行っていました。

また最近では右上のように、「イベントを見つけよう」という機能があります。過去にはなかったのですが、とても便利な機能ですね。

②東京ビッグサイトのイベントをチェックする

東京ビッグサイトでは、コミックマーケットや他にもインスタ映えするイベントが沢山、ありますね。

【東京ビッグサイト】 http://www.bigsight.jp/event/

アパレル、ファッションイベントなどもありますね。アクセサリー EXPO、日本最大のペット産業見本市など盛りだくさんですね。

イベントが一覧で観れるので、どんなものがあるか、毎週チェックをしましょう。

③幕張メッセのイベントをチェックする

幕張メッセでも毎週のように、面白いイベントが目白押しなので是非、参加してみましょう。

【幕張メッセ】 https://www.m-messe.co.jp/event/

家具メッセ、ニコニコ超会議、幕張メッセ どきどきフリーマーケットなど楽しいイベントが盛りだくさんです。

④オフ会に参加してみよう！

オフ会というと、同じ趣味を持った人や、交流という意味で意外と毎週行われていたりします。

オフ会と言いますと、最近ではジモティを活用します。

【ジモティ】 https://jmty.jp/

mixi の時代はよく mixi で○○オフ会と検索をして、それに参加していました。

いまは Facebook、インスタグラムでもあります。ただ、ジモティにはメンバー募集という機能があります。そこで趣味の仲間を募集したり、オフ会も毎週開催されていますね。

◆食べログから
　インスタフォロワーを増やす

①食べる事がビジネスにつながる⁉

　食べる事で、それがお金につながれば、とても嬉しいですよね？　食べログという言葉を聞いて、あまり知らない人はいないかと思います。

　そもそもなんで、インスタグラムの本で、食べログの話が出てくるのか疑問に思う方も多いかもしれません。

　食べログとは、グルメ専用のソーシャルネットワーキングサービスと認識してください。

　フォロワーとメッセージをやりとりすることも出来ます。

　しかし、実は食べることがお金にもつながるのです。そして、インスタグラムにもつながります。

　その答えはのちほど、ご説明致しますね。

【食べログ】https://tabelog.com/

食事に行きたい時、お店や場所、種類などを探すのに、食べログ、レッティ、ホットペッパーグルメ、ぐるなびなどで探す人が多いのではと思います。その中でも、わたしのオススメなのは、食べログです。

https://tabelog.com/rvwr/007793165/

こちらはわたしの食べログのアカウントのトップページになります。ちょっと、ビジネス観が漂う感じはありますが、削除はされたこともないですし、注意もされたことはありません。

【レッティ】 https://retty.me/

下記は、レッティの生天目のトップページです。

レッティもアカウントを持っていまして、投稿をしています。ここは、ビジネスチックな投稿にかなり厳しいです。レッティに関しては、今はグルメ店舗のリサーチのみに活用しています。

あからさまなビジネス関連の投稿や LINE@ への誘導を出しすぎるのは、食べログと同様であまり良くないので、しすぎには注意して下さい。

②食べログは URL を 5 つ貼ることが出来る

先ほどの生天目佳高の食べログのトップページ (パソコン用) を再度、ご覧になってください。

名前の下にツイッター、インスタグラム、Facebook、ホームページ、ブログと貼ることが出来ます。

ではスマホで観ると左記のような画面になります。

スマホで観たときのトップページですが、それでも 5 つの URL を掲載することが出来ます。

この食べログをここまでやっている人は、インターネットビジネス業界で私だけだと思います。

この章は裏技集なので、食べログの優先順位としは少し低いです。**優先順位としては、**

1、インスタグラムの投稿を毎日する

2、インスタグラムのフォロワーを増やす

3、Facebook の作業でインスタグラムをサポート

4、食べログは 3 日〜 4 日に 1 回の投稿でも構わないです

食べログは飲食店に行かないと、投稿数は増やせないので、グルメに興味が全くない人は、そこまでやらなくても良いです。

上記の 1 番〜 3 番を意識して行動をしていきましょう。

【雑談コーナー】

　第6章ではインスタグラムのツールや裏技集、補足項目などお話をしました。

　ASP のインフォトップも5年前より、審査もどんどん厳しくなっていて、逆にいえば良い商材が多いという意味です。

　良い商材がある➡良いツールであると思うので、インスタキング以外も試してみましょう。個人的には第4項目の食べログでの集客がかなり、面白いと思っています。食べる事が仕事につながるというのは、すごいと思いませんか？食べ物・グルメはとくに SNS 映えも取得できるので、フォロワーも増えます。

　youtuber で SUSURU さんという方がいるのですが、ひたすらラーメンの動画を上げているだけの人なのです。それでも60万チャンネル以上もあるのです。

　youtube で60万チャンネルもあれば、相当の収入と推定できます。そのように食べる事を仕事・ビジネスに繋げている人はいますので、ぜひ参考にして頂ければと思います。

　食べログ業界では、「うどんが主食さん」が有名ですね。テレビでもよく出演されています。

　うどんが主食さんも食べログを投稿するときは、自分のメルマガ、ブログ、インスタグラムの URL を貼り、宣伝をされています。このように、食べることがビジネス・仕事に繋がるというマインドセットを持つと、よりインスタグラムでのビジネスも楽しくなるかと思います。

第6章　ポイントまとめ

1）インスタグラムのツールは 1 万フォロワーを超えてから使う
　　はじめはインスタグラムの勉強！

2）代行会社を任せる場合は、5000 フォロワーまでなど
　　目的を決めて費用も明確に定める

3）インスタグラムや Facebook でのイベントに参加して
　　インスタ映えの写真を撮りまくる

4）ジモティーなどの活用でオフ会やインスタの
　　ビジネスメンバーを集める

5）食べログでは SNS を含め URL を 5 つ
　　宣伝できる (スパム的な投稿はしない)

第7章

インスタグラムで
いま以上に
成功する方法

Instagram

第7章　チェックシート

＜この章で紹介される内容＞

□日常ではない出来事に、飛び込んでみる

□お金ばかりを求めない、お金はあとからついてくる

□こくちーずを知っている？

□ウォールアートを知っている？

□ナイトプール、泡パーティーを知っている？

□インスタ映えスポット巡りで人生が楽しくなる

□ヤバスタグラムを観たことがある

□川島塾って知っていますか？

（理解が出来たらチェックしてみよう！）

Instagram

◆日常と非日常を楽しもう！

インスタグラムでさらに成功していくために、お話をお届けしたいと思います。第 6 章では裏技集やイベントの活用などお話をしましたね。

それにふまえて、無料だけでなく、有料のコミュニティなどに入ってみるというのも裏技です。

1、日常ではない出来事に 飛び込んでみる

毎日仕事、休みはどこも行かないインドア派の人ですと、なかなかインスタ映えする情報や写真を手に入れることができないかもしれません。もちろん、やり方次第では、インドア派の人だからといってインスタ映えの写真は撮れると思います。

しかし、一番の近道は、なにかしら新しい刺激や情報に思いっきり飛び込んでみることだと思います。非日常に足を踏み入れる一歩が、その後の展開を大きく変える鍵になります。

わたしも 2011 年に会社を 26 歳で辞めたとき、とにかく新しい世界に飛び込まなければと必死に毎日、行動をしていました。

たとえば、第 5 章で紹介したオンラインサロンに入ってみるとか、何かしらのコミュニティに入ってみるのも良いです。

普段、感じない刺激や情報を手に入れることにより、それがインスタグラムのネタにもなります。

●月に4回以上はセミナーかパーティーに参加してみる

これはわたしが起業当初に立てた目標でした。いろいろなセミナーに参加するときも、なるべく懇親会があるセミナーに参加したりしました。

よくセミナーだけ受けて懇親会は帰るとか、そういう人も多いですが、そのような人は成功しないです。

今の時代なら懇親会でもインスタ映えする料理の写真が撮影できたりしますね。

わたしもそれで、グルメ専門のインスタグラマーになりました。そして、食べログのアカウントも持ち、そこから集客をするようにもなりました。

とにかく、なにかに飛び込んでいかないと、インスタ映えはしてこないですね。

●パーティーではとんでもない有名人と会う事もある

月に4回以上参加することにより、2012年にそこで当時、年収1億円の人と懇親会で会う事ができました。

たまにですが、そういうラッキーチャンスもあります。パーティーに参加したから成功できると断言はできないですが、わたしはその年収1億円の恩人と、とにかく話をしました。

その後、数百万円する、彼の高額コンサルティングを受けました。それにより、収入もあがり今のわたしがいます。今ではとても感謝しています。

そういう出会いも全て行動したからだと思います。待ちの姿勢よりも攻める姿勢を意識してください。

●あまり、ガツガツいきすぎるのも良くない

よくイベントなどで、名刺交換をひたすらしたり、自分を売り込んでくる人、そういう人に限って人の話を聞かなかったりします。

現代はそのように、ガツガツいきすぎた交流の仕方は嫌われます。お金を稼ぐとかそういうことは忘れて、素直に交流していきましょう。お金は後からついてきます。

いま、心で自分のことだと思った人、要注意ですよ。世の中ぐいぐい系の人を嫌う人は男女問わず案外多いです。

これはビジネスに限ったことではなく、普通の出会いでもそうですので、何事もほどほどにが大事です。

●インスタグラムおすすめ参加イベント

こくちーずの『インスタ映え』セミナー・勉強会・イベントを活用する。こういったセミナーは、知らないことを学ぶという点ではとても大事だと思いますので、時間が許す限り参加されると良いと思います。

https://www.kokuchpro.com/

こくちーずPRO　イベント▼

『インスタ映え』セミナー・勉強会・イベント

全てのイベント ▶ インスタ映え

詳細検索

●ウォールアート　スポット巡りをする

　ウォールアートというのがカフェと併設して作られたりしています。カフェなら食べログで宣伝・集客をすることも出来ますね。

・神宮前／「AWESOME STORE&CAFE」

https://tabelog.com/tokyo/A1306/A130601/13210422/

＜おすすめウォールアートスポット特集＞

神宮前／さくら亭、神宮前／ San Francisco Peaks
神宮前／ STUDIOUS、神宮前／水曜日のアリス
原宿／ Deus Ex Machina HARAJUKU
北青山／ miss faline
北青山／ブラジル大使館、神宮前／ BAPE KIDS

わたしのオススメは、**「中目黒／ moke' s Hawaii」**です。
http://www.mokeskailua-japan.com/

インスタ映えスポットとしては、有名な場所です。壁に描かれた翼を背景に撮影するのがおススメです。ぜひ、このお店に行ってインスタ映えを狙ってみて下さい。もちろん、ここだけでなく、他にもたくさん、全国各地にインスタ映えスポットはあります。

　少し遠いところでも、ネットで検索してぜひ足を運んでください。旅行気分でフォロワーを増やしましょう。

●野外フェス、音楽フェス、夏フェス、
　キャンプフェスに積極的に参加

野外フェスと言っても、音楽フェスばかりではありません。

　下記のは、SNOWLIGHT フェスティバル雪山でライブやスキー、スノーボードが楽しめるウインターフェスティバルです。野外フェスというと、夏のイメージもありますが、冬でもあるのです。こちらの写真は新潟の苗場スキー場野外特設会場よりです。https://andmore-fes.com/58770/

●ナイトプールに参加

　2015 年前はそれほど、ナイトプールなどは流行っていないです。やはり、インスタグラムユーザが爆発的に増えてきた 2016 年以降に様々なナイトプールがオープンしました。

　ナイトプールは下記の 7 つがオススメスポットです。

・ホテルニューオータニの「GARDEN POOL」
・グランドニッコー東京台場の「グランブルー」
・ANA インターコンチネンタルホテル東京の「GARDEN POOL
・東京プリンスホテルの「CanCam × Tokyo Prince Hotel Night Pool
・グランドプリンスホテル新高輪の「SKY POOL」
・京王プラザホテルの「SKY POOL」
・ホテルイースト 21 東京の「GARDEN POOL」
・ハロウィン、クリスマスなど季節イベント

●泡パーティーに参加 http://awapa.jp/

下記のはわたしが泡パーティーに参加して撮影した写真です。これを Facebook にアップしたときは、かなり反響が

ありましたね。

最近では泡パーティーの専門のサイト、「泡パ」ができるほです。

泡パのスケジュール日程で泡パーティーを渋谷などで開催しているようなので、ぜひ、参加してみましょう。

ちまたではパーティーピーポーと呼ばれる類いと見られがちですが、人の目を気にしてはいけません。ここまで読み進められた方であれば、すでにマインドは大丈夫になっているはずです。こういう今までやったことがない非日常に飛び込むことでインスタも、人生も楽しくなると思いませんか？

●神社でパワースポット＆インスタ映えで一石二鳥

八坂庚申堂（京都府京都市）川越氷川神社（埼玉県川越市）

御金神社（京都府京都市）岡崎神社（京都）

正寿院（京都）、伏見稲荷大社（京都）

　こちらは正寿院（京都）の猪目窓というハート型の窓で、インスタグラマー、旅の人にも大人気です。

＜インスタ映えスポット巡りで人生が楽しくなる！＞

　探せば、他にも沢山あると思います。インスタ映えスポットめぐりをすれば、自然と人生も楽しくなります。

　全国各地にパワースポットはあります。神社仏閣だけでなく、それこそ、何かの石であったり、滝であったり、お城、天空のなんとか、などなど探せばいくらでもあります。

　ハート型の石はいろいろ幸せになりそうなので、コンプリートすると凄く良い事が起こる気がしませんか？

＜インスタ映えスポットを見つける重要用語は＞

フォトジェニックという言葉を覚えましょう。フォトジェニックとは、photo と、適しているという意味の genic を掛け合わせた言葉です。2 つの意味を合わせると、写真に適した、写真の写りの良い物という意味です。

インスタグラムや Facebook、他の SNS でもフォトジェニックと検索をすると、インスタ映えするスポットを見つけることが出来ます。

2、ヤバスタグラムで インスタグラムをさらに勉強

ヤバスタグラムというのは、日本一のフォロワーを持つ渡辺直美さんが出演されているテレビ番組です。

インスタグラムの勉強にかなりなります。わたしも大好きな番組で毎週観ています。

ヤバスタグラムでは実際に番組の中で気になった投稿の人を見つけて会いにいきます。その後、トーク・インタビューしたり一緒に遊んだりします。

左の写真は、ヤバスタグラムのインスタグラム専用アカウントです。ぜひ、みなさんも見てください。ためになりますよ。

3、川島塾に入るとインスタ映えする

わたしは川島塾という経営者の塾に6年間入っているのですが、ここは旅行をしながら、いろいろなことが学べます。

写真を撮影するノウハウを教えてくれるわけではないですが、最近の川島塾では旅行ツアーなども多く、インスタ映えするイベントが目白押しですね。

「なぜ、そんなに6年間も継続して入っているのですか？」そのような質問を受ける事もあるのです。

その答えは収入含め自分のレベルが毎年上がったり、経営者の仲間との情報共有であったりもしますね。

オシャレな仲間達とインスタ映えする場所で写真を撮影したり、集合写真を撮ったりするので、Facebookでもいいねも増えますね。

とくに写真が良いです。川島塾では写真のプロカメラマンと言っても良い川島塾メンバーが撮影をするので、写真のクオリティも非常に高いです。

わたし自身、川島和正さんから写真の撮影の仕方のメソッドを個別で教えて頂いたぐらいです。

●旅行をするならチームで組むのもポイント

ひとり旅行・ひとり旅という言葉もあり、ひとり旅行も楽しいですね。ただ、自分を撮影してくれる人がいると、より写真映えしますね。

ライオン、トラ、ゾウなど普段ならありえない動物と写真を撮影したりするのも良いですね。わたしの周りでもそれをよくやり、プロフィール写真にしていいねを集めている人もいます。

●クルージングパーティーでインスタ映え

ボートパーティーや、船を貸し切って、船の上でパーティーをしたり、そんな事も多いです。

最近ではツアーを組むことが多く、旅行ツアーを楽しみたく、川島塾に来る人もいるぐらいと聞きます。

http://kawashimajukuhk.com/

そもそも川島塾はビジネス塾なので、ビジネスでより成功したい人が多く入ります。

4、インスタグラムは炎上しにくく 好感度も高い

　インスタグラムはタグ付けなどの機能はあるのですが、シェアはそれほどされないので、炎上が起きづらいです。

　問題発言をした人がコメントなどで、嫌なコメントを受けることはあるかもしれないですが、それもその人のアカウントをブロックして、コメントも削除すれば良いだけなので、炎上はしづらいですね。

　Facebook も実名制度なので、そこまで炎上するという事はないと思いますね。

　やはり匿名でできる、ツイッターが一番、炎上がしやすいと思われます。「ニュース番組でも〇〇の動画のツイートが問題になっている」など、すぐ話題になってしまいますね。

　ツイッターは、リツイートなどがあるので、拡散をされやすいという側面もありますので、より炎上されるということもあるようです。

　一方、インスタグラムにはそういうのがないので、安心ですね。本当に穏やかな SNS だとわたしは思います。

　ですので芸能人でもインスタグラムはやるけど、ツイッターはやらないなど。インスタグラムに絞る人も多いぐらいですね。

　インスタグラムをやっているという意味で、好感度も高いと思います。第 1 章でご紹介した日本のトップ 4 のインスタメンバーの女性 4 人ですが、みなさん好感度が非常に高いですね。

5、生天目佳高のインスタ
　コンサルティングに関して

　もう最後のコラムなので、わたしが、2012 年から 7 年間も開催している、生天目塾、NTP コンサルティングに関して、ご案内をしていきたいと思います。

　この生天目の NTP コンサルティングコミュニティの中の一部でインスタグラムコンサルティングを行っています。

　インスタグラムを活用して、月 20 万円〜 30 万円以上と副業収入で稼いでいるひとが、参加者の 3 割〜 4 割と超える人もいます。

　月収 100 万円を超えているメンバーもいます。実績者はインターネットビジネス業界でもトップレベルと言えます。

　もう、2012 年から開催をしているので、写真は数えきれないのですが、下記のような様子で開催しています。主な内容としては、次ページに挙げる事業を 7 年間も行っています。

7 年間も開催をしているということは、それだけ実績もあるという事です。わたしが 26 歳の頃から運営しています。

　・ソーシャルメディアでの集客ポイント
　・アフィリエイトでの副業収入 (会社員・OL 向け)
　・弊社メイン事業のアジア輸入ビジネス
　・マインドセットのトレーニングでビジネス脳に。
　・マーケティングの勉強でビジネス戦略を。
　・SNS 研究会でのインスタグラムコンサルティング
　・ファッションコンサルティング
　・食べログコンサルタントによる隠れ家グルメ情報

　基本的にメールは見ないので、LINE@ や Facebook でお問い合わせください。

　わたしの LINE@ は、@fwl3596m　で、QR コードだと、下記になります。また、本書籍の「現役インスタグラマーにインタビューをしてみた」の特典を読まれたい方は、下記 LINE@ に登録後、インスタグラマーインタビュー特典希望とメッセージをください。

　わたしの Facebook は下記 URL です。

https://www.facebook.com/yoshitaka.nabatame

@fwl3596m

【雑談コーナー】

　最後の雑談コーナーとなりました。第7章では第6章に続いて、よりインスタグラムで成功するために補足したノウハウをお伝え致しました。読み終わるころには稼ぐ方法が頭に浮かび上がっていると思います。

　もちろん本書で挙げたノウハウだけが全てではありません。しっかりと理解した上で、ここから先はご自身が体験し実行していくことで、完成します。

　月に4回以上セミナーやパーティーに参加するというのは、わたしが「自分が起業家として、まだまだだな」と思う頃は参加していました。そこでビジネスや仕事のジョイントが生まれる事もありました。

　正直な事を言えば、わたしはパーティーに行くのは好きな方ではないです（笑）、どちらかと言いますと苦手です。

　ではどうしているかと言いますと、そういった「パーティーや社交場に参加することも仕事」というマインドセットで参加しています。名刺は広告であり、名刺を渡すことも仕事なのです。名刺は広告というマインドセットを持ちましょう。

　これまでセミナーやパーティーに参加する側でしたが、現在は逆の立場になりました。

　月に4回以上会員向けに講演・セミナーをすることが多いです。企業に講演を依頼される事もありました。一般向け

にも講演会をしていまして、年間で合わせれば、60回以上は講演をしていることになります。

この本を読まれているあなたも、最初はセミナーやパーティーに行く側かもしれません。

しかし、いずれはセミナーをする側となりましょう。また、何かしら有料のコミュニティには入っておいた方が良いです。流行りのオンラインサロン、生天目塾でも良いです。

1万人以上の起業家を観てきましたが、自己投資出来ていない人は、本当に成功ができていないです。

よく無料のセミナーばかり行く人を、わたしは「セミナー貧乏」と呼んでいます。それこそ、無料の質の悪いセミナーで貴重な時間が勿体ないと思いませんか？

「無料セミナー」のすべてが悪いと言いません。しかし、結局は「無料セミナー」はしょせんは無料なので、良い情報を入手できる確率は低いのです。有料級の良い情報とは比較になりません。そこはお金を払うことで手に入れるというマインドが大事になります。最終的には、きちんと自分の勉強のために自己投資を惜しまない人が成功していきます。

いまの世の中は、良い情報、悪い情報が混在しています。信頼できる人、情報…しっかりと見極めることが成功への近道です。

第７章　ポイントまとめ

１）月に４回以上はセミナーかパーティー、
　　インスタ映えスポットに行く

２）ウォールアートやインスタ映え神社等、
　　フォトジェニックな場所へ行く

３）重要な事はあなたが楽しむ事であり、
　　そして自然とフォロワーも楽しませる

４）川島塾で写真もインスタ映え & 収入も増加を
　　チャレンジしてみる

５）生天目の NTP コンサルティングで
　　堅実に副業収入 30 万円〜 100 万円を目指してみる

◆ 読者限定プレミアム特典をプレゼント！ ◆

本書をご購入いただいた方に、
スペシャルな特典をご用意いたしました

① ハッシュタグテンプレート　日本語バージョン　20 個

② ハッシュタグテンプレート　英語バージョン　20 個

③ 生天目佳高出版記念セミナー参加権利
（出版記念セミナー期間の終了後は生天目が定期的に
開催をしている一般向け講演会に 1 度無料でご招待）

④ インスタグラムでここで差がつく動画ページを開設しました！
（特別ページにご招待致します。動画でさらにインスタグラムを
学びましょう！）

①〜④の特典希望の方は下記 LINE@ で
「①〜④の特典希望」とメッセージをください。

LINE@ID @fwl3596m

なんとさらなるクローズド豪華特典も !!
クローズド特典案内ページに関しては右ページよりとなります。

こちらはさらにインスタ起業でレベルアップするための
豪華特典を複数ご用意しております。
(特典のご提供に関しては、予告なく突然、終了することもご
ざいますので、ご注意ください。)

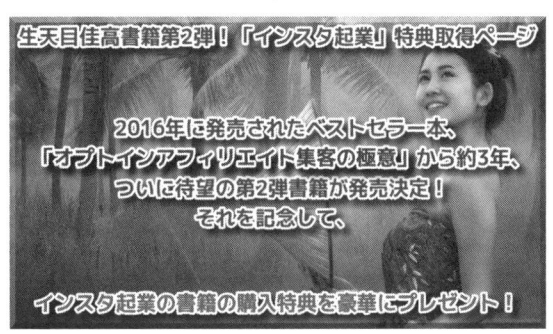

2016年に発売された

ベストセラー本、

「オプトインアフィリエイト集客の極意」

から約3年、

ついに待望の

第2弾書籍が発売決定！

下記の QR コードよりクローズドの特典開設の
ランディングページに飛ぶことができます。

LP アドレス

http://www. 生天目佳高 .com/0406-2/

※本特典の提供は、Future entrepreneur consulting 株式会社が実施します。販売書店、取扱図書館とは
関係ございません。お問い合わせは→　support@kigyouconsultant4649.jp までお願いいたします。

おわりに〜この本が生まれたのは奇跡!?

　私は、1 冊目の本を発売してから次回作を出版したいと様々な活動をしていましたが、なかなかチャンスをつかめず焦りを感じていました。

　そんな私に手を差しのべてくれたのが、「丸亀製麺はなぜNO.1 になれたのか？」などで知られるベストセラー作家の先輩著書の小野正誉さんでした。

　小野さんが、出版関係者が集まるパーティーの存在を教えてくださり、一緒に参加してくださったのです。そこで、ぱる出版様に出会い、そのご縁で本書が生まれました。

　そして、インスタグラムをやっていて本当に良かったです。インスタグラムをやることにより、インスタグラムでのわたしの認知度、男性でも出来るということを伝えることが出来て嬉しかったです。

　今までのインスタグラムの本は女性向けであり、どちらかというと、男性向けではなかったと思います。そこで、女性・男性・おじさん、おばさん高齢者、年齢関係なく役に立つ本になって頂ければと思い本書を書きました。

　もちろん、結論を言えば、インスタグラムのユーザー数は女性の方が多いので、女性の方が活用しやすいのが事実です。

　現役インスタグラマーにインタビューもしました。そのひと

り、多田れいかさんは、インスタグラムで集客もでき、稼いでいらっしゃいます。

　この方をモデリングして、女性の方でもインスタグラムを始めて、稼ぐ人が、どんどん増えてくればいいと思います。

　インスタグラムは炎上しにくい、穏やかな SNS だなとわたしはいつも感じています。

　はじめて、パソコンでインスタグラムを開いたとき、「なんだこのシンプルすぎる SNS は（笑）、こんなものビジネスに活用できない！　いますぐ辞めてしまえ！笑」と本当に思ったぐらいです。現在はインスタグラムに夢中すぎる毎日ですが。

　また本書で言いたかったのは、第 4 章での Amazon やヤフー、他のネットショップをしている方々、またどんな企業でも集客に悩まれている方々に、ぜひインスタグラムに取り組んでほしいという事です。

　今回の本書の発売によって、インスタグラムの価値観がかなり変わったのではないかと思います。

　それは本書で何度も言いましたが、インスタグラムをすると、自然と「好感度が上がる」からです。

　好感度が上がれば、売り上げもまた自然と上がっていくのです。続けていく上で、この法則にたどり着きました。実際、わたしもインスタグラムをやり始め、フォロワーも増え、経営している会社の売り上げも上がり好感度も上がった気がします。いえ、間違いなく上がっています。

　無料のサービスで広告費をかけないで、好感度が上がるなら、やらない人はいないですよね。

　この本の登場によって、インスタグラムをやる人が増え、さらにインスタグラムに本腰を入れて、取り組まれる方も増えてくるのではと感じています。

　ビジネス活用する企業や店舗（飲食店・他様々なジャンルの企業）がわたしは増えてくると思っています。それで、インスタグラムをもっと身近に感じて頂ければと思います。

　まだインスタグラムをやったことがない人は、一刻も早くやるべきSNSアイテムです。何が今までのインスタグラムの本と違うかは、過去のインスタグラムの本は、「写真のきれいな撮影の仕方」、「撮影用の機材」「ハッシュタグの説明」など基本的なことが主な内容でした。

　本書では、1日10分〜15分の短時間で本当にすべての方(あくまで行動された方)が1万フォロワーを獲得できるように道筋を紹介してきました。

　さらにフォロワーを増やす過程で、副業収入を10万円以上得る事ができるような仕組み・ノウハウを公開しています。

　もちろん、インスタグラムの投稿の仕方も簡単に本書でも載せますので、まったくの初心者の方でも大丈夫なように説明させていただきました。

　話は変わりますが、わたしはTwitterもやっているのですが、

最近はインスタグラムに夢中のため、Twitterのフォロワーも減る時期がありました。だって、インスタグラムの方が好感度上がりますから。

　しかし、この本のノウハウを使えば、Twitter、Facebookでもより良い質のフォロワー、友達、リストを増やしていくことが出来ます。どんどんフォロワーが集まってきます。

　それも無料で１日 10 分ほどです。

　たった 10 分、インスタグラムに時間を割いていただくことで、人生が変わると言っても過言ではありません。

　ぜひ、本書を有効活用していただければ幸いです。

生天目　佳高

生天目佳高（なばため・よしたか）

1985年4月3日千葉県生まれ

2004年芝浦工業大学柏中学高等学校卒業。2008年芝浦工業大学工学部建築学科を卒業、輸入住宅などを展開する東急ホームズに入社（設計・積算・営業を約3年半担当）。2011年同社を退職し、2012年にIT関連事業を始める。2013年にFuture entrepreneur consulting 株式会社を設立。代表取締役社長に就任。2016年には中国アジア輸入事業に着手し、2019年にはAmazon・ヤフー・楽天と8店舗ものネットショップをオーナー経営。

事務所を持たない独自の、クラウドソーシングオフィスモデルが話題に。会社を無借金経営で毎年、業績、売上、預貯金、スタッフの給与も全てを右肩上がりに成長させる。

27歳からコンサルティングスクールを9年間も運営し、多くのクライアントの売上実績を5倍〜20倍とアップさせ業界でも注目される。

著書に「オプトインアフィリエイト集客の極意」（秀和システム）、「コロナに隠れた巨大市場」（電子書籍）がある。

[1日10分・月15万円] Instagram起業

| 2019年5月29日 | 初版発行 |
| 2021年4月30日 | 5刷発行 |

著　者　生天目　佳高

発行者　和　田　智　明

発行所　株式会社　ぱ　る　出　版

〒160-0011　東京都新宿区若葉1-9-16
03(3353)2835－代表　03(3353)2826－FAX
03(3353)3679－編集
振替　東京　00100-3-131586
印刷・製本　中央精版印刷(株)

ISBN978-4-8272-1174-0　C0034